JOSEF SUDBRACK

Im Angesicht des Absoluten

Hinführung zur Mitte christlicher Spiritualität

Josef Sudbrack

Im Angesicht des Absoluten

Hinführung zur Mitte christlicher Spiritualität

echter

Bibliografische Information der Deutschen Bibliothek

Die Deutsche Bibliothek verzeichnet diese Publikation in der
Deutschen Nationalbibliografie; detaillierte bibliografische Daten
sind im Internet über <http://dnb.ddb.de> abrufbar.

© 2004 Echter Verlag GmbH, Würzburg
www.echter-verlag.de
Umschlag: Roberto Meraner (Abbildung: G. Mevissen)
Druck und Bindung: Druckerei Lokay e.K., Reinheim
ISBN 3-429-02643-1

Inhalt

Vorwort

Anliegen folgender Kapitel ist es, Brücken zu schlagen zwischen dem Inhalt des christlichen Glaubens, wie ihn die Theologie darstellen will, und dem Alltagsleben, dem Vollzug dieses Glaubens. Schon vor fast 100 Jahren beschrieb François Vandenbroucke in Anlehnung an Forschungen Henri de Lubacs und Hans Urs von Balthasars die Kluft zwischen beidem als »Ehebruch zwischen Theologie und Spiritualität«. Im 12./13. Jahrhundert wurde er mit dem Aristotelismus offenkundig. Immer wieder versuchten große Gestalten der Kirchengeschichte bewußt oder unbewußt: Meister Eckhart, Nicolaus von Kues, auch Martin Luther, die Kluft zu überbrücken. Inzwischen hat sich das Wort Spiritualität auch im deutschen Sprachraum eingebürgert. Ursprünglich bringt es eben dieses Anliegen der gegenseitigen Durchdringung von religiösem Vollzug und Verstandesreflexion, vom Leben als Christ und dem Nachsinnen der Theologie zum Ausdruck. Damit ist eine Aufgabe gestellt, die oft noch kaum gesehen wird.

Wichtig ist mir, daß mit Theologie nicht irgendein Verständnis der Gestalt Jesu oder der Kirche gemeint ist: etwa das von Jesus als dem großartigen Menschen zur Zeitenwende. Sondern ich versuche dem christlichen Dogma, wie es das apostolische Credo bekennt (Schöpfung, Menschwerdung, Auferstehung, Dreifaltigkeit, Kirche, Eucharistie), den Platz im Alltagsleben eines modernen Menschen zuzuweisen, der ihm gebührt. Diese Dogmen sprechen doch den Sinn der Weltexistenz aus und wollen dem menschlichen Dasein Erfüllung schenken.

Theologie als Verständnis dieses christlichen Dogmas ist weiterhin kein Buchstabengebilde, das unbeweglich durch die Jahrhunderte geschoben wird, sondern eine lebende Auseinandersetzung des christlichen Glaubens mit der Zeit. Sie steht daher im Wandel der Zeiten und will heute dem Menschen Gottes Wahrheit schenken, will damit helfen, das traditionelle Dogma je neu und vielleicht auch tiefer als bisher zu verstehen. Der jetzige Kardinal Ratzinger hat dies schon früh in seiner Eschatologie dargelegt.

Mit Alltagsleben aber wird bewußt der Mensch angesprochen, der schlichthin seinen Aufgaben in Familie und Beruf nachgeht, also nicht nur der vermeintlich religiöse Spezialist in einem religiösen Orden oder in theologisch-kirchlicher Stellung mit einer besonderen Ausbildung. Ich hoffe gerade dem Menschen in seinem Alltagsleben zu zeigen, wie reich ihn der christliche Glaube als Synthese des Lebens beschenkt. Dabei wird man vielleicht auch erstaunt feststellen, daß manche augenblickliche Kontroverse zwischen einer vorbrechenden Theologie und dem beharrenden kirchlichen Amt kaum eine reale Basis in der Glaubenswirklichkeit besitzt; sondern daß die Schuld an solchen Mißverhältnissen oftmals eben dieser schmerzliche »Ehebruch zwischen Theologie und Spiritualität« trägt.

Wenn meine Ausführungen gelegentlich nicht so einfach nachzuvollziehen sind, wie es meiner Absicht entspricht, so liegt es oft nicht so sehr an der Diktion – ich bemühte mich um möglichste Einfachheit –, sondern daran, daß der christliche Glaube den Menschen in eine Atmosphäre von Vertrauen und Liebe erhebt; eine Atmosphäre, die nicht mehr mit den rein-»normalen«, rechnerischen, kaufmännischen, juristischen Mitteln, mit dem sogenannten quantitativen Denken auszumes-

Ihre Meinung ist uns wichtig

Welchem Buch haben Sie diese Karte entnommen?

Erfüllt das Buch inhaltlich Ihre Erwartungen?

Wie gefällt Ihnen die Gestaltung des Buches?

Was würden Sie an diesem Buch gerne anders
wünschen?

- [ ] Senden Sie mir bitte Ihren Neuerscheinungsprospekt

- [ ] Informieren Sie mich bitte per E-Mail über Ihre
Neuerscheinungen

Wie sind Sie auf das Buch aufmerksam geworden?

- [ ] Prospekt
- [ ] Rezension
- [ ] Anzeige in Zeitschrift
- [ ] Empfehlung des Buchhändlers
- [ ] Homepage des Verlages
- [ ] Internet allgemein
- [ ] Andere _____

Absender

Name

Beruf

Straße

Postleitzahl   Ort

E-Mail:

Ich interessiere mich vor allem für Literatur
aus den Bereichen

☐ Religion/Theologie
☐ Gottesdienst/Predigt
☐ Gemeindearbeit/Pastoral
☐ Lebenshilfe/Meditation
☐ Franken/Bayern
☐ religiöses Kinderbuch

www.echter-verlag.de

Rückantwort

Echter Verlag

Dominikanerplatz 8

97070 Würzburg

Bitte
ausreichend
frankieren

sen ist, von dem unser Alltag weithin durchzogen wird. Im Glauben braucht es den Schritt, den die Mystik »excessus«, Überstieg nennt, den Schritt vom eindimensionalen Denken und Sprechen zu einem Lebensvollzug, der von Vertrauen und Liebe getragen wird, aber nicht von Gesetzen und Vorschriften. Es ist dies der Schritt in das Eigentümliche der Religiosität, insbesondere der christlichen Religiosität. Worte, Erfahrungen, die an Poesie angrenzen wie »je-größer« oder »Geheimnis«, kommen dem Gemeinten näher als die scharfumrissenen Begriffe eines festgelegten Denkens; sie erfordern ein Verständnis eben dieses »Excessus«.

Als ständigen Orgelton, der immer wieder an diese Grundabsicht erinnern soll, wählte ich »Fromm-Sein« oder »Frömmigkeit«. Es ist schon erstaunlich, wie sehr diese Worte heute gemieden werden – auch von Autoren, die vorgeben, unser Anliegen zu teilen.

Auf genauere wissenschaftliche Belege wurde grundsätzlich verzichtet. In vorangegangenen Publikationen habe ich, gelegentlich zum Mißfallen von »Spezialisten« der Spiritualität, genügend Nachweise angeführt; zuletzt in: Gottes Geist ist konkret, Spiritualität im christlichen Kontext (1999, spanische Übersetzung 2004); Trunken vom hell-lichten Dunkel des Absoluten, Dionysios der Areopagite und die Poesie der Gotteserfahrung (2001); Mystik – Sinnsuche und die Erfahrung des Absoluten (2002). Inzwischen zwingt mich auch die stark nachlassende Augenkraft zu dieser Einschränkung, was aber für das Buch selbst von Nutzen sein mag. Für den theologischen Zusammenhang verweise ich auf das Eröffnungsreferat von Kardinal Karl Lehmann zur Deutschen Bischofskonferenz vom 23.9.2002: Das Christentum – eine Religion unter anderen? Zum interreligiösen Dialog aus katholischer

Perspektive, zusammen mit seiner Einführungspredigt über die Areopagrede des Paulus. Bei Zitaten aus der Hl. Schrift, deren genauere Verifikation den Leser in den Kontext einführen soll, mußte ich mich mehrmals statt an irreführende Übertragungen der ökumenischen Einheitsübersetzung an den Original-Text halten.

Das Buch wurde als eine Einheit entworfen. Doch die einzelnen Kapitel stehen auch in sich. Deshalb habe ich gelegentliche Wiederholungen nicht gescheut.

Alle Kapitel aber möchten »gelesen«, »meditiert« werden mit der Bodennähe zum konkreten christlichen Leben, die mit dem Wort »Fromm-Sein« bewußt gemacht werden soll.

Eigentlich nur: fromm sein
Eine Glaubensmeditation

Wer hinter der Formulierung »fromm sein« eine vorsichtig-leise oder auch tiefgehende Wehmut vermutet, ist sehr im Recht. Verfaßt wurden nämlich folgende Seiten von jemandem, der sich ein ganzes Leben mit Fragen der Frömmigkeit, der christlichen und auch nicht-christlichen Spiritualität beschäftigt hat. Nun aber schaut er auf sich selbst und fragt: Was ergibt sich doch aus alldem für dich selber? Ich hätte hochtrabendere Worte wählen können als »fromm« und »nur«: etwa Spiritualität, Meditation, Kontemplation oder gar Mystik, wie ich es anderswo versuchte. Doch selbst die Substantive Frömmigkeit oder Gebet scheinen mir noch zu hoch zu greifen, um das auszudrücken, was ich sagen möchte. Man überspringt zu schnell das schlichte Tun, worum es »eigentlich« gehen soll, und weicht allzu leicht aus in abstrakte Überlegungen, die im Allgemeinen und damit im Unpersönlichen, Unverbindlichen angesiedelt sind. In sie hinein scheinen sich doch – offen gesagt – gerade Theologen oder auch Theoretiker der Spiritualität allzu gerne zu flüchten. Daß wir aber mit unserem Versuch den Anliegen der Theologie nicht ausweichen, wird sich bald zeigen. Und es wäre für jemanden, der als ganzer Mensch »fromm« sein will, auch gar nicht anders möglich; denn Theologie, recht verstanden, ist nichts anderes (sollte es nicht sein) als die Struktur des Fromm-Seins, ist die ins Wort gebrachte Frömmigkeit.

Ich erinnere mich zuerst einmal an die fromme Frau, die in einem oberbayerischen Wallfahrtsort still, abseits vom Alltag, vor dem Gnadenbild Mariens, der

schmerzhaften Madonna, kniete und offensichtlich
»fromm« war, den Rosenkranz durch die Finger gleiten
ließ, hinschaute auf das Bild und einfachhin »nur« da
war in Gottes Gegenwart. Aber ebenso kommt mir
auch der Muslim in Erinnerung, der mitten im Trubel
von Kairo seinen Gebetsteppich auf der Straße ausbrei-
tete und Allah seine vorgeschriebene Verehrung darbrachte. Als ich mich in Thailand mit den Anweisun-
gen meiner Mitbrüder – niedergeschrieben in der
schmucken, einheimischen Schrift – alleine aufs Land
wagte, hielt der Busfahrer unversehens vor einem An-
dachts-Bildstock am Rande der Straße an – Götzenbild
statt Gnadenbild sagen wir leichthin dazu –, legte einige Blumen nieder und betete kurz mit vielen Ver-
beugungen, ehe er mit uns die Fahrt fortsetzte. Auf
Taiwan durfte ich das Beten in einem gewaltigen,
buddhistischen »Tempel« miterleben. Ich hatte einen
meiner Mitbrüder gebeten, mich zu dem weithin bekannten »Wallfahrts«-Ort zu bringen. Zuerst schaute
ich mir das Museum an und war geschockt; denn ständig begleitete uns die »berühmte« Ave-Maria-Melodie,
die Gounod einem Satz von Johann Sebastian Bach
übergestülpt hat. Aber dann trat ich in den breiten Hof
ein, wo die buddhistischen Pilger sich niedergelassen
hatten. Sie waren – ähnlich wie an den Wallfahrtsorten
meiner Heimat – mit allem Möglichen, nicht nur mit
sogenannt »frommen« Tätigkeiten beschäftigt. Doch
über der ganzen Betriebsamkeit schwebte der gleichtö-
nig-tiefe OHM-(A-U-M)-Gesang der Mönche, die an der
Klosterseite des Platzes »fromm« dasaßen und mur-
melnd-singend sich in das Gebet, in die Meditation vertieften. In diesem O-H-M-Klang aber war auch die
breite Betriebsamkeit der »Pilger« eingefangen und ein-
gehüllt. Ein tiefes, übergreifendes »Fromm-Sein« ver-

einte alle in dem O-H-M, in der Gegenwart des Übergegenwärtigen. Ich muß nicht darauf hinweisen, daß ich Entsprechendes im Rosenkranzgebet zu Lourdes erlebt habe.

»Eigentlich nur: ›fromm sein‹!« Es wäre offensichtlich ungerecht, ohne weiteres einer der unterschiedlichen Gebetshaltungen von vorneherein den Vorzug zu geben, als repräsentiere nur sie das wahre »Fromm-Sein«. Es wäre falsch, irgendeine Gestalt des »Fromm-Seins« ohne weiteres Nachdenken, ohne Dialog als die Norm auf den Gipfel des »Fromm-Seins« zu setzen und danach alles andere zu bemessen. Alle Gestalten strahlen doch eine Art verinnerlichter Seligkeit aus. Doch es wäre ebenso auch dumm und letztlich unmöglich, von dem eigenen christlichen Glauben abzusehen, als könne man auf einem solchen Weg die höhere Ebene des überlegenen Urteilens betreten. Diese vermeintlich »höhere« Ebene wäre zumindest ebenso subjektiv-beliebig, als jemand anderem die eigene christliche, so lange gelebte Haltung erscheinen mag. Wenn einer von der eigenen Existenz und ihrer persönlichen Erfahrung abzusehen versucht, stellt er sich doch gerade in ein Abseits von dem so persönlichen Anliegen des »Fromm-Seins«, das doch ohne Engagement zu einer Farce wird. Er sähe doch damit von sich selbst ab und öffnet sich so auch aller Beliebigkeit, allem Unsinn, aller Irreführung.

Ebenso wie man sich in das Tun und die Erfahrung des Fromm-Seins hineinbegeben muß, um ihm zu begegnen, braucht es auch das Nachsinnen über das, was man da tut. Ein Weg ohne Orientierung, ohne Nachdenken wird zum Irrweg. Der nachdenkende Geist darf auch in einer sich hingebenden Erfahrung nicht ausgeschaltet werden, sondern muß sich als ganzer, mit Denken und Erleben, in der Erfahrung neu wiederfinden. Aber gerade der Blick auf andere Weisen der Frömmigkeit, der im Religionsdialog geschieht, kann dieses bleibende Anliegen des Nachdenkens wachhalten.

Somit kann ein solcher Weg von Erfahrung und zugleich Nachdenken nur dort anfangen, wo man persönlich sich befindet. Alles andere wäre Flucht vor sich selbst und damit Flucht vor dem Anliegen des »Fromm-Seins«. Wichtig aber bleibt dabei die Offenheit des Hinhörens und Hinschauens auf andere Möglichkeiten des Fromm-Seins und die Dialogbereitschaft mit ihnen; gleich ob es der Muslim von Kairo oder die Buddhisten-Gemeinde von Taiwan ist.

1. Im Angesicht des Absoluten

Was aber nun eint die verschiedenen Möglichkeiten des »Fromm-Seins«, von denen nur einige eben vorgestellt wurden? Mit »Im Angesicht des Absoluten« kann man wohl das Gemeinsame benennen, was sie alle verbindet und was mir persönlich immer neu ins Gewissen redet: Es geht um mein und »unser« bewußtes Stehen vor dem Absoluten. Die Menschen, die ich vorstellte, waren und sind betroffen von dem »Letzten«, dem Absoluten, was immer sie darunter verstehen und wie immer sie es auch benennen. Sie erfahren sich an der äußersten Grenze des Daseins, die aber zugleich mitten in ihr Leben hineinreicht; denn Dasein ist doch immer das Ganze. Dem also setzen sie sich aus und versuchen dies umzusetzen in eine persönliche Haltung. Von diesem Letzten, von der Grenze oder auch Mitte des Daseins persönlich »Ergriffen-Sein« in Angst oder in Beglückung steht wohl am Ursprung von allem Religiösen, wo immer und wie immer es sich zeigt. Man kann auch sagen: Es geht um den tiefen, den eigentlichen Sinn des Daseins, der besonders an den Grenzen oder auch in der Mitte erlebt wird.

In einem Interview zu seinem hundertjährigen Geburtstag wurde der weltbekannte Philosoph Hans-Georg Gadamer, der durch die theoretische Grundlegung des hermeneutischen Denkens berühmt geworden ist, gefragt, ob nicht mit dem Fortschritt der wissenschaftlichen Forschung, dem intellektuellen Offenlegen der Makro- und Mikro-Strukturen des Kosmos das Ende der Religion gekommen sei. Der Platz, den Gott und die Religion innegehabt haben, werde doch immer mehr von exakten wissenschaftlichen Erkenntnissen besetzt. Was die Menschen früher Gott zugeschrieben hätten, werde gleichsam aus dem Bereich von Wirklichkeit und Wahrheit hinausgedrängt ins Nichts oder ins Märchen. An deren Platz aber sei heute die Wissenschaft getreten. Gadamers Antwort aber war schlicht und radikal: Nein! Religion bleibe; denn immer werden die zwei Grenz-Geheimnisse (oder auch Mitte-Geheimnisse) in die Erfahrung eines jeden wachen Menschen hineinreichen. Sie werden ihn anfragen, woher sein Existieren sei und wohin es auslaufe. Das Geheimnis der Geburt, des Werdens eines neuen, geistigen Lebens stelle einen jeden, der Mensch sein will, vor die Frage: Woher stammst du? Woher stamme also auch ich? – ich, in meiner Ganzheit und freien Geistigkeit und nicht nur in meiner körperlichen Zusammensetzung. Das gleiche gilt vom Geheimnis des Sterbens, sei es mein Sterben oder das des Menschen, den ich liebe, oder auch das der vielen, von denen die Medien mir berichten. All das läuft stets in die Frage hinein weiter: Wohin gehen wir? Wohin gehe ich? Man kann zwar Augen und Ohren davor verschließen; man kann eine läppische, ausweichende und vielleicht hochwissenschaftlich verbrämte Antwort dazu geben. Man kann flüchten in großspurige Überlegungen. Doch wer diesen Fragen ausweicht, ist kein ganzer Mensch. Er geht sich selber aus dem Weg.

Darauf nun versuchen die Religionen Antwort zu geben und darum geht es auch ihrem oft so schlichten »Fromm-Sein«. Es mag dabei zu recht unterschiedlichen Antworten oder Ahnungen kommen. Es mögen unterschiedliche Bildvorstellungen und unterschiedliche Ideen dabei entstehen. Doch man muß staunen, daß stets ähnliche Bilder, ähnliche Ideen von den »Ersten« und den »Letzten Dingen« auftauchen. Nicht nur

16

in der abendländischen Überlieferung lebt doch die Idee von Gott, der den menschlichen Leib formt und ihm eine Seele einsenkt. Auch die berühmte Erschaffung des Adams, wie sie Michelangelo gemalt hat, ist ein Beispiel dafür. Gleiche Bilder und Ideen zeigen sich ebenso beim Bedenken des Endes. Man sieht die nackten Leiber der Gestorbenen sich aus den Gräbern erheben; sie werden von den Engeln ins Paradies geleitet oder in den Abgrund hinabgestoßen. Auch hier darf man auf das Jüngste Gericht des Michelangelo hinweisen. Man kann die vermeintliche Primitivität dieser Vorstellungen belächeln, doch man sollte sie zuerst in Ehrfurcht zu verstehen suchen. Sie sind Erbgut der ganzen Menschheit.

Alle Bilder und Gedankengänge aber ordnen sich wie magnetisch angezogen um das »Absolute«, um Gott, um die Unendlichkeit, um eine Zeit- und Raum-überlegene Ewigkeit. Die großartigen Kunstwerke befinden sich letztlich auf der gleichen Ebene wie die schlichte Volksfrömmigkeit. Auch die abstrakte Gedankenwelt der Philosophen, wie immer sie sich gebärdet, ist dort zu Hause. Was die überheblichen Verächter der Religion als Volksglauben belächeln oder gar als Aberglauben aburteilen – als ob die »Wissenschaft« all dies längst überholt habe –, trifft sich mit den kühnsten philosophischen Ideen, sobald diese Philosophen, statt sich im Oberflächlichen zu verlieren oder auch ihre Inkompetenz zu bekennen, nur hinhören und hinschauen auf die Grenzsituationen des Daseins. Das Tor zum Letzten, zur Ganzheits-Frage, zum Absoluten ist weit geöffnet. Dahin führt die Philosophie mit ihren oft komplizierten Gedankengängen ebenso wie das einfache »Fromm-Sein«, das sich vor diesen letzten Dingen verbeugt. Man kann gleichsam diese letzte Tür zuschlagen und im eigenen Fragen und Suchen verharren. Aber selbst auf solche Philosophien, die sich dieses Absehen von den letzten Fragen zum Thema gemacht haben, fällt der Schatten des Absoluten. In der Ethik, der humanen, der sozialen, der ökologischen Verantwortung trifft sie dasjenige, was andere Gott nennen. Immer steht der Anspruch des Absoluten dahinter. Von ihm kommen sie nicht los und er bestimmt offen oder insgeheim das Fragen und Suchen. Und wenn diese Denker ehrlichen Mut haben, bekennen sie sich auch zu diesem Suchen im Schatten des Absoluten. So hat es Max Horkheimer ausgedrückt, das Haupt der sogenannten Frankfurter Schule, die bis heute im Denken der wichtigsten Philosophen weiterlebt und der selbst den Weg vom Marxismus zur humanen Verantwortung fand. Er sah in der »Sehnsucht nach dem ganz Anderen« die Triebfeder zu seinem Denken und dem der vielen anderen.

Stets öffnet sich der Raum zu dem, was man übergreifend das »Absolute«, das »Göttliche« oder einfachhin Gott nennen darf. Der Mensch steht im Raum des Religiösen. Mit Fromm-Sein ist nun vor allem gesagt, daß der Mensch sich auch persönlich aufgefordert weiß, dem Absoluten sich in Haltung und Tun auszusetzen, und daß er in Ehrfurcht oder auch in Haß vor der Wirklichkeit des Absoluten eine persönliche Stellung einnimmt. Hier beginnt wohl die Grenze zwischen philosophischer Weltanschauung und religiöser Haltung zu verlaufen; eine Grenze, die man nicht eindeutig abstecken kann. Waren Sokrates in seiner vertrauensvollen Ergebenheit oder Friedrich Nietzsche in seinem oft geäußerten Haß nicht doch beide religiöse Menschen? Doch für unser Thema des »Fromm-Seins« dürfen diese Fragen zurückgestellt werden. Hier geht es ja um ein

»Fromm-Sein«, das ganz selbstverständlich als »religiös« anerkannt und beurteilt wird. Daß gleichsam in Nebensätzen auch weltanschauliche, philosophische Anliegen berührt werden, ist dabei selbstverständlich. Doch in der Mitte geht es um die positive Haltung, die ein Mensch einnimmt, die ihn regelrecht überfallen kann, wenn er dem »Absoluten« ins Angesicht schaut, wenn er religiös wird.

2. Entwürfe von Religion

Auf dem Hintergrund dieses Gemeinsamen, was Religionen und Weltanschauungen und philosophische Entwürfe verbindet, werden auch die Unterschiede der Religionen deutlich, wie sie sich im »Fromm-Sein« der religiösen Menschen niederschlagen.

Ignatius von Loyola (1491–1556) hat mit seinen Exerzitien die christliche Frömmigkeit wie kaum ein anderer zusammengefaßt und methodisch für kommende Zeiten geprägt. Nachdem er den gläubigen Christen durch detaillierte Meditationen über das Leben Jesu zu seiner Haltung vor Gott, dem Absoluten, und damit auch zu sich selbst geführt hat, läßt er diese vier Exerzitienwochen in einer synthetischen »Betrachtung« zusammenklingen, der er erstaunlicherweise das Ziel gibt: »um Liebe zu erlangen«. Das noch sach- und personbezogene Meditieren wird zum persönlichen Auftrag: »um Liebe zu erlangen«. Und diese Betrachtung beginnt im sachlichen Stil des Ignatius mit einer nüchternen, apodiktischen Beschreibung eines ganz und gar persönlichen Auftrags, der wiederum erstaunlicherweise nüchtern beginnt mit: »Die Liebe besteht in der Mitteilung von beiden Seiten, nämlich darin, daß der Liebende dem Geliebten gibt und mitteilt, was er hat, oder von dem, was er hat und kann; und genauso umgekehrt der Geliebte dem Liebenden.« Die von Ignatius selbst durchgesehene lateinische Übersetzung spricht von »Mitteilung eines jeglichen Gutes«.

Gerade wenn man von der Absolutheit des Absoluten betroffen ist, sollte man zuerst innehalten und sich des Gesagten vergewissern: Es handelt sich um das Verhältnis des Menschen zu diesem Absoluten, zu einem

Fromm-Sein, was als Liebe beschrieben wird. Und diese Grundhaltung des Fromm-Seins gilt in irgendeiner Weise auch umgekehrt für das Verhältnis des Absoluten – das ist doch christlich gesehen: Gott! – zum Menschen. Im Verhältnis der Liebe sind beide Richtungen gleichgeordnet: vom Menschen zu Gott und von Gott zum Menschen.

Viele, denen »Religion« am Herzen liegt, geraten ob der vermeintlichen Naivität dieses Satzes in Erstaunen oder sind sogar empört ob der Profanisierung Gottes. Das Unendliche und Letzte und Absolute wird mit dem, was wir Menschen leichthin »Liebe« nennen, auf eine Ebene gestellt. Natürlich ist nicht die Liebe gemeint, wie sie in der Medienwelt propagiert wird. Aber dennoch: Gott liebt nach Ignatius mich, den Menschen, so, wie ich auch zwischenmenschlich lieben möchte und Gott zu lieben versuche. Hier nun werden Unterschiede der Religionen greifbar. Der Boden der reinen Philosophie aber scheint damit endgültig verlassen zu sein.

Der fromme Muslim wird es abweisen und sich dagegen wehren, daß von dem Absoluten, also von Gott, so menschlich-vertraut mit den Worten der Liebe gesprochen werden kann und darf und letztlich auch muß. Ein Sprechen, das doch in der Erfahrung zwischen Gott und Mensch seine Wurzeln hat. Der Gehorsam, nicht die Liebe, ist Grundzug der muslimischen Frömmigkeit; ihm entspricht von Gott her das Gebot und der Befehl. Als die islamische Mystik, der Sufismus, zu Gedanken und Haltungen kam, die von der Liebe zu verstehen sind, wurden seine Anhänger von den Vertretern und Hütern der islamischen Orthodoxie erbittert bekämpft. Die Koran-Lehrer verfolgten die Sufis und brachten manche von ihnen grausam zu Tode. Als

Al-Halladsch († 922), wohl der Begründer des Sufismus, ausrief, um der innigsten und auch wechselseitigen Liebes-Einheit mit Allah Wort zu geben: »Ich bin die absolute Wahrheit, ›anā'l-Haqq‹«, meinte er kein seinshaftes Zusammenfallen mit Gott in der Art des Pantheismus, sondern die Erfahrung einer verzückten Liebe. In ihr war er so hingerissen von Gott, daß alles außer Allah, auch er selbst, ins Vergessen fiel und er nur noch auf ihn, auf Allah, schaute. Es war also das Gegenteil von Verschmelzung mit Gott, wie sein Wort auch noch in der aktuellen Polemik mißdeutet wird; es war die Verzückung der Liebe, wie Annemarie Schimmel kundig gezeigt hat. Doch nach der islamischen Orthodoxie kann vor Gott, vor Allah, vor dem Absoluten, nur das Verhältnis von Gebot und Gehorsam bestehen, nicht aber das von Liebe oder sogar das der gegenseitigen, sich austauschenden Liebe. Gott, Allah, lebt hoch über solchen Beziehungen. Was wäre das doch für ein Gott, der sich auf die Ebene zwischenmenschlicher, wenn auch zur göttlichen Vollendung erhobener Liebeserfahrungen herabließe!

Noch deutlicher wird die Eigengestalt des Ansatzes der christlichen Religion, des christlichen »Fromm-Seins« im Vergleich zu den unterschiedlichen modernen Frömmigkeits-Formen, die sich in irgendeiner Weise mit der Gestalt Buddhas verbunden wissen, ohne daß sie den Ernst und die Größe dieses Mannes erreichen. Mit der Fehldeutung des islamischen Sufismus, den einige Forscher sogar als abhängig vom Christentum darzustellen versuchen, wurde schon auf die Gegensätzlichkeit aufmerksam gemacht: Ist die mystische Einheitserfahrung mit dem Absoluten als ekstatische Verzückung oder als Verschmelzung zu verstehen?

Gautamo Siddharta (ca. 560–480), den man Buddha

nennt, das heißt: der Erleuchtete, war vom Leid und von der Verlorenheit dieser unserer Welt mit allen ihren Erfahrungen so tief betroffen, daß ihm nur noch der radikalste Aus-Weg als Befreiung von allem Welthaften möglich war. Alles, was dem Menschen in seinem Dasein begegnet, ist in seiner Mitte doch von Schmerz und Leid, von Tod und Trennungsschmerz, vom eigenen und fremden Versagen gebrandmarkt. Der Grund dieses Negativen in der Welterfahrung liege darin, daß die Dinge und Menschen nebeneinanderstehen, gegenseitig sich ausschließen, sich den Platz wegnehmen, sich daher stoßen und im Tiefsten auch anfeinden. So hat es Jean-Paul Sartre gedichtet: »Die Hölle, das sind die anderen!« Um diesen allgegenwärtigen Schmerz des Begrenztseins zu überwinden, mußt du den Durst nach grundsätzlich allen Erfahrungen in dieser unserer begrenzten und begrenzenden Welt radikal aufgeben. Alle ihre Wirklichkeiten sind doch durch ihre gemeinsame Raum-Zeit-Existenz miteinander verbunden, stoßen aneinander an; sie tun sich gerade in ihrer Solidarität gegenseitig wehe. Der eine hat (ist) das, was der andere nicht hat (ist). Schon allein die Tatsache, daß meinem Streben nach dem vollen Glück eine Grenze gesetzt ist durch den anderen und das andere, das ein Stück des Glücks besitzt, ist eine Begrenzung meines Strebens nach Glück und daher eine stets sprudelnde Quelle von Schmerz und Not. In dieser Seins-Verkettung liegt die Ursache der notvollen Eingrenzung und des so schmerzlichen Aneinander-Anstoßens.

Nur wer sich also grundsätzlich von aller Abhängigkeit, allem Eingebundensein lösen kann, wird in das übergreifende Ganze geführt, in dem es keine Begrenzung mehr gibt und daher kein Schmerz mehr möglich ist. In ihm wird daher alles eins. Man kann es ebensogut Sein (alles einschließend) wie Nichts, Nirvana (ohne jede Unterschiedenheit) nennen. Jede Begrenzung, alles Neben- und Nach-einander ist doch aufgehoben. Buddha gelang diese Flucht vor dem Schmerz des Aneinanderstoßens der Wirklichkeiten in der stillen Meditation. Seine Größe besteht nicht zuletzt darin, daß ihm dieses Sein oder Nichts im Meditieren bewußt wurde und er von dieser all-überlegenen Warte der Meditationserfahrung aus sein Leben führte. – Dies aber so sehr, daß er von dieser all-überlegenen Warte aus zu einem neuen Mitleids-Bezug zu ausnahmslos allen anderen Dingen und Menschen in der Zeit- und Raum-Enge kam. Denn alles war ihm gleich nahe oder gleich fern geworden. Über den Wirklichkeitsgrad seiner Erfahrung von Sein = Nichts mag man sich streiten. Es gibt auch erstaunlich viele europäische Intellektuelle und Philosophen – von Arthur Schopenhauer bis Hermann Hesse –, die sich dieser Haltung zur Welt nähern. In ihr nämlich liegt der religiöse Ansatz des doch bewundernswerten Ur-Buddhismus.

Doch der euro-amerikanische Buddhismus (oder wie man die entsprechenden »religiösen« Haltungen auch nennen mag) überspringt allzu schnell den Ernst dieser buddhistischen Radikalität. In Meditationsstunden, Wochenenden oder Indienreisen ruht man aus in einem umgreifend-stillen Ruhigsein, und dies tut dem unruhigen modernen Menschen doch so gut, daß längst die Wellness-Industrie nach entsprechenden Methoden gegriffen hat. Das Absolute selbst wird damit nicht angerührt; es geht um ein Zur-Ruhe-Kommen des rastlosen Ich. Sicherlich gesundheitlich eine gute Sache. Doch die wachsende Vereinnahmung der sogenannten »buddhistischen« Erfahrung, besonders mit Yoga-, Tantra- und Zen-Übungen in Wellness-, Gesundheitsprogrammen sollte auf jeden Fall mißtrauisch machen gegenüber den Anpreisungen dieser Erfahrungen in unserer Kultur als echte Religiosität.

Deutlich ist doch: Das Göttliche, das Absolute in seinem Anspruch, wie es im Islam und auch im wahren Buddhismus lebt, wird unverbindlich. Das »Fromm-Sein« wird zum meditativen Sich-Wohlfühlen im Unbegrenzt- und Nicht-festgelegt-Sein des eigenen »Ich«, wird zur Pflege des naturhaften Ungebundenseins, wie es schon zur Zeit der Drogen-Kultur blühte und von dort auf verschiedenen Wegen weitergegeben wurde. Oft nennt man entsprechende Erfahrungen, die kaum das Wohlfühlen, die Well-ness der eigenen Innerlichkeit übersteigen, sogar »Mystik«. Aber die Radikalität, die der wahren Mystik aller Religionen zu eigen ist, fehlt dieser euro-amerikanischen Meditationskultur.

Die vielfältigen Schattierungen dieser »Weltanschauungen« muß man nämlich an der Radikalität des Ur-Buddhismus messen, die Buddha aus dem Leiden an dieser unserer Welt in die Einsamkeit geführt hat. Geht es in den Erfahrungen, die sich daran anknüpfen, um die eigene Subjektivität oder um das Absolute, um das, was auch den Islam so bewundernswert macht? Schon im fernöstlichen Buddhismus aber finden sich Ent-Radikalisierung der Lebensbotschaft Buddhas bis hin zum Wohlgefühl der Selbsterfahrung. Das entspricht manchen Bewegungen auch im Christentum, die z.B. von den oft schroffen Forderungen eines Ordensgründers in die Abschwächungen seiner Nachfolger führten. Die von Ignatius hervorgehobene selbstlose Liebe würde damit zur Selbstgefälligkeit ausdünsten. Doch hier gilt, was Ignatius ebenfalls in der erwähnten Betrachtung zur Erlangung der Liebe betont: »Die Liebe muß mehr in die Werke als in die Worte gelegt werden.«

An den Buddhismus knüpfen sich Vor- und Nachformen an (meist im ostasiatischen Raum), die ein weiteres Element der religiösen Sehnsucht des Menschen hervorheben und zu weiteren Gestalten religiöser Kreativität führen: Der Hinduismus, aus dem Buddha selbst sich als eine Art Reformator löste mit seinen vielen »Göttern«, mag ein Beispiel dafür sein; Spuren dieser etwas anderen Haltung findet man aber im Bhakthi- und Amida-Buddhismus oder selbst im Tantrismus, worin viele Theoretiker eine Abschwächung oder gar Degeneration des gewaltigen Ur-Buddhismus sehen. Auch die Urreligionen spielen im ostasiatischen Raum eine maßgebliche Rolle. In bezug auf den Reichtum dieser religiösen Formen sprechen wir allzu leicht vom Polytheismus, von der Vielgötterei eines Hindu-Tempels oder der Verehrung von Naturgestalten. Aber gerade in diesen Formen spüren die Menschen, daß man Gott in gegenseitiger Konkretheit begegnen muß, die der zwischenmenschlichen Begegnung oder auch Liebe ähnlich ist. Und so sucht man das Absolute in Gestalt von mythologischen Figuren, von Tieren, von Guru-Persönlichkeiten oder gar unmittelbar in zwischenmenschlicher Liebe. Wenn man diese Form von Religiosität von vornherein abtut als Aberglauben, übersieht man, daß auch darin – wie ohne Zweifel bei dem erwähnten thailändischen Bus-Fahrer – sich echte Frömmigkeit finden kann: eine Frömmigkeit, die das Konkrete und die Nähe sucht und das Absolute nicht in eine brückenlose Ferne oder in eine alles aufsaugende Gestalt verbannt; eine Frömmigkeit vor dem Göttlichen, mit dem man lebendig verkehren will.

Vielleicht ist die Verehrung, die der christliche Hindu-missionar Henri Le Saux (Hinduistisch: Abishiktanda) einem weithin als heilig verehrten Berg entgegenbrachte, beispielhaft für dieses Hingezogensein zum Konkret-Göttlichen, für diese Liebe zum Absoluten in Gegenseitigkeit zu sprechen; Gegenseitigkeit zwischen Gott, dem Absoluten, und mir, dem Menschen, der da fromm sein will. Dieser Zug des »Fromm-Seins« wird in seiner typisch christlichen Ausformung aber zum regelrechten Denk-Skandal, fordert damit aber ein vertieftes Fromm-Sein heraus, mit dem wir uns mehr dem christlichen Glauben nähern.

3. Die göttliche Liebe als Skandal für das Denken

Liebe zwischen Gott und Mensch findet sich auch in anderen religiösen Entwürfen; doch im Christentum steigert sie sich zu einem regelrechten Skandal für das Denken. Skandalös ist schon die Basis der Liebe. Auf ihrer radikalen, eindeutigen Unbedingtheit aber ruht letztlich das christliche »Fromm-Sein«: »Gott lieben mit ganzem Herzen, mit ganzer Seele und mit all deinen Gedanken; und den Nächsten lieben wie dich selbst«, sagt Jesus. Dem entspricht zugleich aber auch die Liebe Gottes zu uns, den Menschen. So liegt es in der Mahnung Jesu, alle Sorge auf Gott zu werfen: »Sorget euch nicht um euer Leben ... noch um euren Leib. ... Seht die Vögel des Himmels ... Lernt von den Lilien, die auf dem Felde wachsen.«

»Wenn Gott schon das Gras so prächtig kleidet, um wieviel mehr euch, ihr Kleingläubigen!« Gott in seiner Sorge liebt »euch« und hat »jedes Haar auf eurem Haupte gezählt«. Jesus gibt damit seine Vater-Spiritualität vor Gott ungebrochen an uns weiter und lädt alle Menschen ein zum »Vaterunser«-Gebet. Man kann tatsächlich seine persönliche Spiritualität und Frömmigkeit, die er uns weitergibt, mit dem Wort »Vater« kennzeichnen; und dem entspricht zugleich von der Seite des Menschen her gesehen die Kindes-Spiritualität gegenseitiger Liebe.

Was wir in der Realisierung, im konkreten Fromm-Sein so oft verfehlen, ist aus der Botschaft Jesu Christi eindeutig zu vernehmen. Die Exegese, also die wissenschaftliche Ergründung der Bibel, läßt keinen Zweifel daran: Die Botschaft dieser wechselseitigen Liebe ist das Herz der Botschaft Jesu. Eine Liebe allerdings, die nicht vom Bild einer Liebe her verstanden werden darf, wie es heute die Medien propagieren, einer Liebe auch, die manch ein Vater nur schlecht repräsentiert.

Doch die biblische Liebe atmet darüber hinaus eine weitere Radikalität, die einem den Atem verschlagen kann. Vom Menschen aus gesehen ist es eine Liebe, die, wie die Bibel weiß, das eigene Leben fordern kann. Doch weit Erstaunlicheres zeigt sich mit dem Blick von Gott her. Seine universale, alle und jeden Menschen umfassende Liebe wendet sich nämlich einem jeden Menschen ganz persönlich zu. Sie trifft alle und jeden Menschen je einzeln; in der Bildersprache Jesu gesagt: auch die Zöllner, die Sünder, auch seine Henker, wie vom Kreuzessterben berichtet wird, und einen jeden von ihnen in seiner eigenen Personalität; so wie die Vögel am Himmel in Gottes Hand und die Haare auf dem Haupte von Gott gezählt sind. Gottes Liebe wendet sich dem einzelnen unter all den vielen Menschen zu. Das nun aber ist eine Zumutung, vor der das Denken kapitulieren möchte, ein Skandal für das Aufzählen der Tatsachen und für logische Zusammenhänge. Doch das macht das Christentum aus: Der eine und einzige, absolute Gott liebt jeden Menschen nicht nur mit der gütigen Gelassenheit eines weiten Herzens, sondern jeden von all den Milliarden und Milliarden Menschen, die leben, die gelebt haben, die leben werden, einen jeden in persönlicher Zuwendung! Gottes Liebe ist kein warmer Landregen, der auf alle unterschiedslos herabfällt. Seine Liebe meint mich und dich und all die anderen Menschen je in ihrer Individualität. Die Denkschwierigkeiten und die konkreten Fragen, die sich daraus ergeben, sind erst das zweite und finden Platz in den Überlegungen der Theologie. Doch das erste, worauf sich alles weitere stützt, ist die Botschaft von Gottes Liebe zu jedem einzelnen Menschen. Sie trägt das Christentum. Ihr entspricht die Frömmigkeit des je einzelnen Christen. Was für das Denken kaum oder unverständlich sein mag, wird im konkreten »Fromm-Sein« des Christen lebendig und kümmert sich nicht um rationale Schwierigkeiten.

Dieser Skandal für das Denken wird in der buddhistischen Grundeinstellung aufgelöst in das a-personale Lächeln des Buddha, das allen gilt, oder in die Wolke des Seins/Nichts hinein, die gleichmütig über all den konkreten Wirklichkeiten der Welt schwebt und sie in sich hinein auflöst. Es ist verständlich, daß nicht wenige suchende, vom Religiösen betroffene moderne Intellektuelle in dieser buddhistischen Grundhaltung die Auflösung des Skandals des christlichen Gottesbildes finden, daß doch die Liebe Gottes jeden einzelnen Menschen persönlich meint.

In islamischer Sicht ist Gott mit seinem Fühlen den Menschen fern und kann in seinem Wesen nur ein dem Herzen fremd bleibender Gesetzesgeber sein. Von einem jeden verlangt er im Gebot oder in der Stimme des Gewissens einfachhin Gehorsam. Liebe aber scheint in diesem Verhältnis auszufallen. Christlich hingegen macht die Tatsache, daß der einzelne Mensch von Gott persönlich geliebt wird, sogar sein Personsein als Mensch aus.

Aus und in einer solchen Liebe schuf und erschafft Gott die Welt mit ihren Menschen. Rein als Sein betrachtet wäre er so allumfassend, daß neben ihm kein freier Seins-Raum für eine Schöpfung möglich wäre. Doch Gott ist die Liebe und in Liebe schafft er in sich und aus sich diesen Raum für den Menschen und seine Welt. Das buddhistische Weltbild vom Aufgehen des Vielen im göttlichen Absoluten hat in irgendeiner Weise Recht: Doch das göttliche Absolute besteht nicht aus dem unbeweglichen Sein (oder Nichts), in dem alles seinen Selbststand verliert; sondern es besteht aus Liebe. Liebe aber hat in sich und aus sich heraus Raum für den anderen: Da-Seins-Raum, besser: Liebes-Raum für die Menschen. Selbst was das Christentum weiß von Erlösung und Rettung durch Jesus Christus vor dem endgültigen Untergang der Sünde, schafft keinen neuen Daseinsraum, sondern vertieft diesen Liebes-Raum der Schöpfung, bindet ihn durch Jesus Christus noch enger in den Daseinsraum der göttlichen Liebe hinein.

Wohl keiner der modernen Theologen hat diese innere Struktur der Gottesliebe so intensiv bedacht wie Teilhard de Chardin (1881–1955). Ihm gelingt es, mit den entsprechenden Glaubenseinsichten und dem Ernstnehmen der Liebe auch die Evolutionserkenntnisse der modernen Wissenschaft in den Schöpfungsglauben zu integrieren. Die Welt mit ihren Menschen wachse aus der Kraft der Liebe Gottes in diesen seinen Raum der Liebe hinein. Immer wieder gehen kluge Menschen diesem Geheimnis der Liebe nach und versuchen es in Worte zu fassen: Liebe läßt doch – rein vom Phänomen her betrachtet – in ihrer umfassenden Einheit den Eigenstand des Geliebten nicht untergehen, sondern bestärkt ihn. Die Geschöpfe also verschwinden nicht in der Überwirklichkeit des erschaffenden Gottes, sondern leben im Raum seiner Liebe ihr je-eigenes Leben. Karl Rahner (1904–1984) spricht hierzu von »umgekehrter Proportionalität«. Das meint: Im Raum der Seinswirklichkeit stoßen die Dinge aneinander, müssen einander Platz machen oder sich sogar gegenseitig aufzehren: Je mehr das eine an Wirklichkeit zunimmt, desto mehr muß das andere vor ihm weichen, ihm Raum geben, an Eigen-Wirklichkeit abnehmen. Im Raum der Liebe aber ist es »umgekehrt«. Je mehr Liebende miteinander eins werden, sich verbinden, desto mehr wachsen sie in ihrem freien Selbststand, in der Eigenwirklichkeit. Liebe baut den Geliebten auf. Die Persönlichkeit der Liebenden nimmt in ihrer Vereinigung nicht ab, sondern wächst mit ihr. Je mehr und tiefer nun einer eins ist mit Gott, sich in der Liebe zu Gott verliert, desto mehr ruht er, der Gott-Liebende, auch in seiner eigenen Wahrheit. Die personale Würde in ihrer höchsten Freiheit vor Gott und gegenüber allem anderen hat der Mensch dort, wo er ganz eins ist mit Gott. In diese Weite der Liebe hinein hat Gott die Welt erschaffen und läßt sie weiterwachsen auf ihren Gipfel hin, auf die geistige und freie Personalität hin. Das Eigensein von Mensch und Welt wächst in und aus der Einheit mit Gott: Das meint K. Rahner mit »umgekehrter Proportionalität«: Je mehr eins mit Gott, desto selbständiger im eigenen Wesen. Darin liegt das Geheimnis (der Denk-Skandal), wieso Gott in seinem allumfassenden Sein doch eine Welt erschaffen kann, die in sich steht. Er schafft sie nämlich im Raum der Liebe, die nicht aufzehrt, sondern Selbststand schenkt.

Was Karl Rahner in seiner spekulativen Kraft »umgekehrte Proportionalität« nennt, kann Romano Guardini (1885–1968) mit einem Gleichnis der Erfahrung von jedermann nahebringen. Einem dem Suff verfallenen Partner gelingt es in der Liebe eines Mädchens, das Laster zu besiegen. Wer nun hat dies bewirkt? Die eigene Kraft des Säufers? Oder die Liebe des Mädchens? Doch richtig ist: In der Einheit mit der schenkenden Liebe des Mädchens wächst die Kraft ihres Partners. Er befreit sich vom Suff, weil er geborgen ist in dieser Einheit. Mathematisch kann man sagen: 100 Prozent Geschenk plus 100 Prozent Eigen-Leistung ergeben die 100 Prozent des Sieges über den Suff. In unserem Gedankengang aber geht es um die liebende Allmacht Gottes, in der der Mensch sein Eigensein findet. In dieser Liebesallmacht lebt die Schöpfung ihr eigenes »Sein«, obgleich (oder gar weil) Gottes »Sein« allumfassend ist. Doch es geht nicht um die Kategorien des Seins, sondern um die der Liebe.

Man muß also die rationale Logik in ihrer zwingend erscheinenden Gesetzlichkeit übersteigen auf die Ebene der Liebe, um dies zu verstehen. Dadurch wird die Verstandeslogik nicht negiert, aber überhöht in den Bereich hinein, in dem doch das wahre Leben zu Hause ist.

Teilhard de Chardin nun macht diese »umgekehrte Proportionalität« zur Grundlage seines gewaltigen Denkens über Welt und Gott und nennt dies ausdrücklich »mystisch«. Wie kann die vielschichtige Welt zur Einheit im Punkt Omega, also der Vollendung, werden, ohne daß ihre bunte Wirklichkeit den Eigenstand verliert? Wie können die Menschen eins werden mit Gott, ohne ihre Personalität aufzugeben? Nur im Raum, in der Kraft der Liebe, nicht aber mit anderen Kräften ist dies möglich. So beschreibt Teilhard die Kraft der Liebe: »Erreichen zwei Liebende je einen vollkommeneren Besitz von sich selbst als in dem Augenblick, in dem – wie sie sagen – einer sich im anderen verliert!« Die Einheit des »Punktes Omega«, des Zielpunktes der Schöpfung in Gott, löst die Vielheit nicht auf, sondern eint sie in Liebe. Und in diese Kraft (in diesen Raum) der Liebe hat Gott der Schöpfung ihren Anfang und ihre (evolutive) Entwicklung bis zum Gipfel der freien, geistigen Person hineingelegt.

Als Naturwissenschaftler versucht Teilhard diese Gesetzlichkeit einer »umgekehrten Proportionalität« stufenweise auch in den vormenschlichen Tatsachen der
Schöpfung aufzuzeigen: Die Zwei-Einheit – Sloterdijk
spricht heute von »dyadisch« – besitzt mehr Wirklichkeit, ist näher dem Ursprung als sowohl der Dualismus,
der auf endgültige Trennung setzt, wie auch der Mo-
nismus, der alles in einer endgültigen Einheit aufgehen
läßt. Man muß dazu wissen, daß Teilhard sich intensiv
mit der östlichen Religiosität und westlichen monisti-
schen Entsprechungen beschäftigt hat. Er suchte Antwort auf sein religiöses Suchen, das nach Einheit
strebte. Doch ausdrücklich distanziert er sich von dem
pantheistisch-monistischen Auflösen der Vielheit in
nackte Einheit und bekannte sich zur Kraft der Liebe,
die er im Christentum gefunden hatte, deren Einheit
die Liebenden nicht auflöst, sondern in ihrem Eigensein bestärkt.
Liebe also, aber nicht das messende und abwägende
Sein, ist die Wahrheit und auch die Erfahrung, die den
anderen nicht kleiner macht, damit sie selbst größer
und absoluter wird, sondern die gerade im Groß- und
Absolut-Werden des anderen auch die eigene Größe
und Absolutheit geschenkt erhält.
Aus einer solchen Liebe heraus und in ihrem Raum hat
Gott die Welt mit ihren Menschen geschaffen und über-
bietend durch Jesus aus ihrer Verlorenheit befreit, neu
für sich gewonnen. Die Dimensionen von Welt und
Mensch stehen nicht neben Gott oder gar gegen das
Göttliche, sondern leben in und aus der Liebe Gottes,
wachsen in und aus Gott.
Bevor der Verstand seine Fragen an das Verhältnis von
Gott und Mensch, an die »umgekehrte Proportiona-
lität« richtet, sollte der Blick in das Neue Testament

34

fallen und schauen, wie diese Liebesmacht Gottes lebt und wirksam wird im Tun und Lehren Jesu Christi. So läßt sich ein zweimal von Matthäus zitiertes Jesus-Wort wohl nur in dieser »umgekehrten Proportionalität« verstehen: »Wer hat, dem wird gegeben, und er wird im Überfluß haben. Wer nicht hat, dem wird auch noch weggenommen, was er hat.« Wo Liebe lebt, wächst sie durch Sich-Verschenken; wo sie fehlt, tut sich der Abgrund des Nichts, des Alles-Verlierens auf.

Aber auch Gott – so muß man entsprechend der ignatianischen »Gegenseitigkeit der Liebe« sagen – findet sich und seine Liebe in der Liebe der Menschen wieder. Die Theologie wagt hierzu aufgrund des biblischen Zeugnisses von Gottes Geist zu sprechen, der von Anbeginn an »über den Wassern schwebt« und »das Weltall erfüllt«. Das Neue Testament aber weiß von dieser Geist-Gegenwart Gottes, daß sie zugleich im Herzen des Menschen lebt, wenn er Gott liebt, in seinem Beten und seinem Wirken. Paulus schreibt sogar mehrmals: »Wir wissen nicht, wie wir beten sollen; aber der Geist Gottes, der uns verliehen ist bei der Annahme an Sohnes statt, ruft in uns Abba Vater.« Das Persönlichste und Tiefste des Menschen, das dialogische Abba-Vater-Beten zu Gott, wirkt Gott selbst, wirkt Gottes Geist in uns! Die kirchliche Glaubenslehre wurde durch solche und ähnliche Aussagen der Bibel immer tiefer auch in das Geheimnis des dreifaltigen Lebens in Gott geführt. Solche Aussagen der Bibel über Gottes Liebe in unserer Welt und Gottes Geist aber sind wie ein Blütenkranz, der um das Geheimnis von Gott und Mensch gewunden ist. Ein Blütenkranz, der von unserem reinen Denken nicht aufzuwinden ist. Denn allzu leicht verliert man beim Aufwinden doch das, was man verstehen und durchschauen will, das Eigentliche aus den Augen: das Geheimnis nämlich der ewigen Liebe Gottes, in der er Welt und Mensch erschuf, ein Geheimnis, das aber im schlichten »Fromm-Sein« zu Hause ist.

Im 1. Johannesbrief, dem schönsten biblischen Text über die Liebe, heißt es von dieser Liebes-Einheit im Geiste: »Wer liebt, ist aus Gott gezeugt ... Gott ist die Liebe und wer in der Liebe bleibt, der bleibt in Gott und Gott bleibt in ihm ... Daran erkennen wir, daß wir in ihm bleiben und er in uns, daß er uns von seinem Geist gegeben hat.« Die philosophischen Überlegungen Teilhard de Chardins finden ihre biblische Bestätigung: Einheit mit Gott, weil Gottes Geist in uns wohnt; und weil dieser Geist Urheber des Wichtigsten ist, was der Mensch zu tun hat: sich im betenden Gespräch an Gott, den Vater, zu wenden! Paulus berührt im Römerbrief das gleiche: »Die Liebe Gottes ist ausgegossen in unsere Herzen durch den Heiligen Geist, der uns gegeben worden ist. Denn Christus ist, als wir noch schwach waren, zur bestimmten Zeit für Gottlose gestorben.«

So wie die Menschen aus und in Gottes Liebe wachsen, so gibt es also auch ein Gestaltwerden von Gott selbst in der Liebe der Menschen zu Gott; es ist das Geheimnis von Gottes Geist, der in unsere Herzen ausgegossen ist ...

Wie schon angedeutet: Allzu leicht zerbrechen beim denkenden Aufwinden dieser Einheit von Gott und Liebe, von Geist zusammen mit Jesus, Gottes geliebtem Sohn, die Blütenzweige dieser Einheit. Zuerst muß man deshalb die Einheit des Kranzes wahrnehmen. Und das heißt schlichthin »Fromm-Sein«: Gottes-Liebe in Jesus Christus, die Gegenwart von Gottes

Geist im eigenen Herzen zu leben. Dann erst kann man vielleicht auch eine Blüte der Liebe oder des Geistes – in unserem Bild bleibend – aus dem Kranz pflücken, der sich um Gott und Mensch windet. Es mag eine winzige Blüte sein – man wendet sich seinem Mitmenschen wohlwollend zu; man verharrt still vor Gott, der in einem lebt –; gepflückt aus dem Kranz des Geheimnisses um Gott und Mensch, ist es ein tiefes »Fromm-Sein«. Für das theologische und philosophische Denken bleibt noch genügend Raum, sich mit den Fragen zu beschäftigen, die sich daraus ergeben. Denkerisch haben Karl Rahner oder Pierre Teilhard de Chardin Wege dazu gezeigt. Doch auch ihr Denken war eingebettet in den Raum des Fromm-Seins – oder, anders gesagt, in den Raum der Liebe zu Gott.

Wer die Bibel kennt, weiß nun weiter, wie selbstverständlich in diesen Kranz das Tun der gegenseitigen, der Nächsten-Liebe eingewunden ist. Im ersten Korintherbrief knüpft Paulus seine Mahnungen an die Gemeinde, die mit den Geistes-Gaben nicht zurechtgekommen zu sein scheint, an eben diese Lehre vom Geist, und krönt das Ganze mit dem Wort der Liebe: »Ich zeige euch aber jetzt noch einen anderen Weg, einen, der alles übersteigt.« Die unterschiedlichen Dienste in der Gemeinde zeigen sich erst dann als wahre Geistesgaben, wenn sie übereinklingen mit dem Ausruf des Apostels: »Am höchsten aber ist die Liebe!«

Dies nun präzisiert Ignatius, der in der großen Tradition christlicher Spiritualität lebt, wie selbstverständlich in seiner gewohnten Nüchternheit als den Höhepunkt der Exerzitien: »Die Liebe muß mehr in die Werke als in die Worte gelegt werden.«

4. Die Ausstrahlungskraft des Jesus von Nazaret

Was unsere im Christentum wurzelnden Darlegungen schon bisher lenkte, ist nun mehr und mehr ausdrücklich zu machen. Vollständig und stimmig nämlich ist das vorgelegte Verständnis des Absoluten vom Blickpunkt der Liebe her und das entsprechende »Fromm-Sein« erst mit dem gläubigen Wissen, daß der Blütenkranz von Liebe und Geist gewunden ist um Jesus von Nazaret. Für Ignatius ist die »Betrachtung, um Liebe zu erlangen«, Gipfel und Synthese der Exerzitien, also der vier Wochen intensiver Jesus-Meditation: »Fromm-Sein« wird zur liebenden Begegnung mit Jesus! Dabei kann es sich natürlich nicht um rationale Beweisschritte im Sinne der Naturwissenschaft handeln. Aber der Blick des Fühlens und Erfahrens mit Jesus kann geschärft werden, kann sich zu dem bereiten, was Hans Urs von Balthasar »Schau der Gestalt« nennt, was ein Fromm-Sein im eigenen christlichen Leben zu erwecken sucht.

Wohl über keine andere Gestalt der Geschichte wurde so viel nachgedacht und geschrieben wie über diesen Jesus von Nazaret, auf dessen Lehre und Leben der christliche Glaube ruht. Er ist wohl für andere, die den christlichen Glauben nicht teilen können, zwar faszinierend, aber doch zuerst einmal ein Rätsel, das das lebendige Interesse unmittelbar anzieht. Es braucht auf jeden Fall eine vorsichtige Annäherung an ihn, an die »Schau seiner Gestalt«. Die grob gezeichneten Lebensdaten – Geburt, Wirken, Tod und Weiterwirken in der Gemeinschaft seiner Jünger – stehen zwar als historische Tatsachen fest. Doch schon die frühesten Berichte über Jesus sind eingewoben in Erzählungen, denen die Geschichtsforschung kritisch gegenübersteht. Vieles wird als legendär abgetan: Empfängnis vom Heiligen Geist, Wunderwirken und besonders die Auferstehung Jesu von den Toten. Manches muß allerdings auch von einer christ-gläubigen Forschung her in Frage gestellt werden, ohne damit an Aussagekraft für diesen Jesus zu verlieren. Das Neue Testament aber und das Christentum leben aus diesem Ineinander von historisch sicheren Daten mit solchen angezweifelten oder auch unhistorischen Berichten. Die Versuche der historischen Evangelienkritik aber, das Ineinander von rational aufweisbaren und als legendär zu beurteilenden Erzählungen zu entflechten, gehen meist an dem schlichten »Fromm-Sein«, der persönlichen Begegnung mit dem ganzen Jesus, der »Schau der Gestalt« vorbei.

So wichtig auch das nüchterne Beurteilen der geschichtlichen Wahrheit ist, schon bei den für das Neue Testament entscheidenden Berichten über die Auferweckung Jesu von den Toten kommt die rein-historische Kritik in Schwierigkeiten: Darf man von der ungeheuren Wirkungsgeschichte des Auferweckungsglaubens absehen und das Wunderbare grundsätzlich abtun als legendär? Paulus und all die anderen finden gerade im Wunderbaren den Kristallisationspunkt ihrer lebendigen Begegnung mit Jesus, ihres persönlichen »Fromm-Seins«. Der Ursprung des Christentums liegt hier. Alle Versuche, die Realität der Auferstehung von den Toten mit vergleichender Religionsphänomenologie, sozio-psychologischen oder gar pathologischen Gründen wegzudiskutieren, wirken gekünstelt gegenüber dem selbstverständlichen urchristlichen Glauben an Jesu Auferstehung. Aus ihm entwickelte sich die

Wirkungs-Geschichte, in der die Botschaft Jesu bis heute weiterlebt. Von hierher entfaltet sich die konkrete Frömmigkeit.

Die Annahme des Wunderwirkens, der Auferstehung Jesu von den Toten bedeutet aber keinen Sprung ins Irrationale, sondern gründet in dem Schauen mit den Augen der Liebe und des Vertrauens auf Gott, auf seine absolute Macht und wird damit zur »Schau der Gestalt«. Man sollte den Vorgang vergleichen mit der Ausstrahlungskraft großer Persönlichkeiten, Künstler oder Politiker oder anderer. Auch von ihnen geht eine Wirkung aus, die rational oft nicht völlig erklärbar ist, aber als Tatsache feststeht. Die Wahrnehmung einer solchen Ausstrahlungskraft aber erfordert vom Beobachter eine Art Hingabe, die man mit Fug und Recht Vertrauen oder auch Glauben nennen darf. Jesu Ausstrahlungskraft nun ist festgehalten in den Geschichten des Neuen Testaments und ist von einer reinen kritischen Historiographie nicht mehr zu greifen.

Schon die vier (mit 1 Kor 15 fünf) Auferstehungsberichte variieren so sehr, daß man sich fragen muß, ob die Berichterstatter oder anderen Überlieferungen, die zweifelsohne zum Teil miteinander vertraut waren, blind gewesen sein müssen. Markus, der nur erzählt, daß die Frauen vor dem Engel in Furcht und Zittern gerieten, wird sogar durch den sogenannten unechten Markus-Schluß später den anderen Berichten angeglichen. Doch im Original ist er schon sehr verschieden vom Matthäusbericht mit der Jesus-Begegnung und dem Missionsbefehl. Man hat sich damals nicht um die historisch-wissenschaftliche Korrektheit gekümmert, sondern um das, was Ausstrahlungskraft Jesu zu nennen ist und bis heute nicht aufgehört hat. Dies aber muß auch dem heutigen Kritiker gegenwärtig sein,

40

wenn er den Zeugnissen des Neuen Testaments gerecht werden will.

Auch die Lehre Jesu wird wiedergegeben in Paradoxien und sogar Widersprüchen. Das zeigt einerseits, daß sie in Jesus selbst gründen und gerade wegen ihrer Paradoxie nicht erdichtet wurden. Aber andererseits zwingen sie den Beobachter, über den platten Inhalt der Sätze hinaus in eine tiefere Aussage einzudringen. Das Heiligtum des Tempels wird zugleich verehrt und mißachtet: Hier ist mehr als der Tempel! Die Friedensbotschaft Jesu steht im Kontrast zu dem Schwert, das er bringen will; Liebe auch zu den Feinden gilt als Herz der Botschaft Jesu, aber zugleich soll einer Vater und Mutter »hassen« um der Nachfolge Jesu willen (die Einheitsübersetzung schwächt den Originalton »hassen« ab). Überhaupt der Nachfolgeruf Jesu! Er klingt unmenschlich (sofort alles lassen), wird überaus radikal erzählt, ist aber historisch so wirksam, daß man fragen muß: Wer kann/darf so radikal fordern? Radikal und gegen das Gottesbewußtsein eines Juden, der doch Jesus war, ist Jesu Sündenvergebung: Sie war aber ein Grund für das Todesurteil über ihn. »Bist du der Messias, der Sohn des Hochgelobten?« Und selbst vom Gekreuzigten werden Worte der Sündenvergebung berichtet, während andere Texte vom Verzweiflungsruf Jesu vor Gott, der doch »allein Sünden vergeben kann«, erzählen.

Man muß die Seligpreisungen betrachten, am besten zugleich mit den Weherufen. Spricht daraus ein Sozial-Revolutionär? Ein Prophet, der auf das Jenseits hinweist? Ein Tröster der Verfolgten? Oder eben dieser Jesus, dessen Gestalt jedes Verstehens-Schema sprengen will?

Und dieser schon in seinen Worten so schwer zu fassende Jesus war ein geistig und psychisch gesunder und überaus liebenswürdiger Mensch; daran zweifelt heute kein Forscher mehr. Im Hinweis auf das höchste Gebot, das sich gleichsam zweifach zeigt: Gottes- und Nächsten-Liebe, liegt Jesu Lebensmaxime. Das paradoxe Gleichnis vom verlorenen Schaf deckt die existentielle Direktheit auf: Wer wird doch dem einen, ungehorsamen Schaf nachlaufen und die anderen neunundneunzig sich im Dornengestrüpp verirren lassen! Doch Jesus drückt damit seine Liebe aus, die immer zuerst dem Einzelnen, dem gar Weggelaufenen gilt. Offensichtlich lebt eben auch in diesem Paradox eine Persönlichkeit, die für die rationale Historiographie kaum zu greifen ist, eine Persönlichkeit, die schon in ihrer Liebenswürdigkeit die Grenzen des rationalen Verstehens zu durchbrechen scheint.

Mit entsprechenden Vorgaben sollte man sich aber auch den Zeugnissen seines wunderbaren Lebens, Sterbens und Auferstehens nähern. Sie berichten auf jeden Fall von der Ausstrahlungskraft Jesu. Gewiß, es geht nur um »Ähnlichkeiten« gegenüber der Ausstrahlungskraft anderer großer Persönlichkeiten. Der Glaube an Jesus wird nicht aufgehoben. Doch ein wenig kann die »Schau der Gestalt« bereitet werden, die im »Glauben« und mehr noch im »Fromm-Sein« ihre Erfüllung finden. Die nur-kritische Forschung gerät in Gefahr, mit all ihren Fragen ein unpersönliches Schema übrig zu lassen, statt Jesus in der Breite seiner Persönlichkeit darzustellen. Von seiner Ausstrahlungskraft abzusehen, wäre doch wie das kaufmännische Abschätzen eines blühenden Kirschbaums auf seinen zählbaren Wert hin, ohne seine Schönheit zu beachten, ohne den Geschmack der kommenden Früchte im Mund zu tragen. Übrig bliebe nur der Münzwert an Holz, Blättern und Blüten. Doch man »begegnet« dem Baum in Wahrheit erst, wenn man ihn in seiner »übermateriellen« Schönheit und im Geschmack seiner Früchte würdigt.

Je mehr und offener einer sich mit Jesus nach dem Zeugnis des Neuen Testaments und seiner weiteren Wirkungsgeschichte beschäftigt, je mehr er die »Schau der Gestalt« lebendig werden läßt, desto mehr nähert er sich dieser seiner Ausstrahlungskraft, die sich in den Berichten des Neuen Testaments niedergeschlagen hat und die in der frühen und späteren Kirche weiterwirkt. Die Bibel, die auf Gottes Allmacht vertraut, beruft sich hierzu auf den Heiligen Geist Gottes, den Geist Jesu Christi. Er doch führt uns, wie Jesus bei Johannes verheißt, in seine volle Wahrheit ein. Dies verlangt natürlich letztlich den Schritt in den Glauben; insbesondere in den Glauben an Jesu Auferweckung von den Toten. Aber dieser Glaube ist kein irrationales, blindes Fürwahr-Halten, sondern ein lebensnahes Eintreten in die Ausstrahlungskraft dieses Jesus von Nazaret, ein Schauen seiner Gestalt. Die für den Menschen von heute selbstverständliche historisch-kritische Überprüfung wird damit nicht abgetan, aber sie erhält einen anderen Stellenwert: den der Überprüfung der Redlichkeit und Ernsthaftigkeit der Überlieferung von Jesus, also der Kraft der Ausstrahlung, die von Jesus ausgeht. Im Glaubensbewußtsein nun trägt, wie schon gesagt, dieses redliche Suchen nach der Begegnung mit Jesus den Namen Geist Gottes, Geist Jesu Christi. Er trägt schon die Empfängnis Jesu im Schoße seiner Mutter, was auch immer man über das biologische Geschehen denken mag; er hat auch die neutestamentlichen Schriftsteller »inspiriert« (Spiritus heißt auf deutsch: Geist). Paulus beendet deshalb die erste große Dogmatik (Röm 1–8) mit dem Blick auf das Wunder der Auferstehung und beruft sich dabei auf diesen Geist:

»Wenn der Geist dessen in euch wohnt, der Jesus von den Toten auferweckt hat, dann wird er, der Christus von den Toten auferweckt hat, auch euren sterblichen Leib lebendig machen, durch seinen Geist, der in euch wohnt.« Offen oder verborgen durchzieht dieses Sich-Berufen auf Gottes Geist, man darf auch sagen: auf die Ausstrahlungskraft Jesu, das Neue Testament und schenkt eine »Schau der Gestalt«.

Jesus ungebrochen zu erkennen und ihm in seiner Ganzheit zu begegnen, also »fromm zu sein«, kann nur heißen: sich von diesem »Geist« leiten lassen. Die weiteren, nicht unwichtigen Fragen, die sich daran anknüpfen, dürfen vorerst der Theologie übergeben werden. Unserem Suchen nach dem christlichen »Fromm-Sein« aber gilt: Es geht um diesen Jesus in seiner Ganzheit, seiner Ausstrahlungskraft, seinem Geistwirken, wie ihn die biblischen Schriften – fußend auf Jesu Lehre, auf seiner Auferstehung von den Toten – vorstellen. Denn auch der Glaube an Jesu Auferstehung von den Toten ist getragen von dem, was Ausstrahlungskraft Jesu bedeutet: dogmatisch gesprochen, von Jesu Geist, von Gottes Geist.

Aus dem Blickwinkel des Buddhismus wie des Islams gesehen geschieht damit Ungeheuerliches. Das Neue Testament nämlich berichtet, daß das Absolute, also Gott selbst, in der Ausstrahlungskraft des Jesus von Nazaret maßgeblich sich uns, dem Menschen, gezeigt hat. Man kann in den neutestamentlichen Büchern aufdecken, wie dieses Wissen um Gott in Jesus Christus immer deutlicher zum Ausdruck kommt – bis zum Thomas-Bekenntnis im Johannes-Evangelium vor dem Auferstandenen: »Mein Herr und mein Gott!« Aber wenn man die Ausstrahlungskraft Jesu beobachtet, findet sich dieses Bekenntnis schon in allen Schriften, die doch auf der Erfahrung des auferstandenen Jesus fußen. Was 300/400 Jahre später nur radebrechend als Dogma von der Menschwerdung Gottes verkündet wird – zwei Naturen: Gott und Mensch, in einer Person, in Jesus von Nazaret –, liegt an der Wurzel der Schriften des Neuen Testaments. So klingen die Anfangssätze des Johannes-Evangeliums als Ergebnis einer tiefen Jesus-Meditation: »Im Anfang war das Wort, und das Wort war bei Gott, und das Wort war Gott ... Und das Wort ist Fleisch geworden und hat unter uns gewohnt, und wir haben seine Herrlichkeit gesehen, die Herrlichkeit des einzigen Sohnes vom Vater.« Gottes Herrlichkeit sichtbar, greifbar geworden in diesem Jesus von Nazaret, in dieser historischen Person!

Wiederum! Für die buddhistische Frömmigkeit ist diese geschichtliche Konkretheit des Absoluten, statt einer »nur« Welt- und Geschichte-übergreifenden Allgemeinheit, ein Ärgernis: Die Wahrheit des Absoluten in diesem Jesus muß auch den Muslim wie eine Erniedrigung der Allmacht Allahs vorkommen. Doch eben das predigte schon Paulus: »Für Juden ein empörendes Ärgernis, für Heiden eine Torheit!« Dem schlichten »Fromm-Sein« eines Christen aber, das seine Andacht vor Gott auf Jesus, auf die Sichtbarkeit Gottes in unserer Welt ausrichtet, wird dieses Einbergen der Unendlichkeit Gottes in die Schwachheit des Menschen Jesus zum Weg, dem Absoluten zu begegnen; wie Jesus dem Sucher Thomas antwortet: »Ich bin der Weg und die Wahrheit und das Leben.« In philosophischen Worten gesagt: Die ungreifbare, alles übersteigende Unendlichkeit Gottes hat sich eingeborgen in die liebenswürdige Menschlichkeit Jesu Christi. Er, das ist Gott, der Absolute, ist einer von uns, ist mein Bruder. Mit diesem unserem Bruder Jesus aber ist auch die endlich-vergängliche Welt der Menschen zur unendlichen Ewigkeit Gottes erhoben worden. Das Ewig-Absolute und das geschaffene Sterbliche reichen sich in Jesus die Hand zur unauflösbaren Einheit. Eine »Person« heißt dies im Dogma.

Deshalb auch haben alle Menschen, die doch Schwestern und Brüder Jesu Christi sind, Teil an der Herrlichkeit dieses Menschenbruders, der Gottes Sohn ist. Sie müssen nicht wie im Buddhismus die Schwachheit dieser Welt verlassen und übersteigen, um sich dem Göttlichen zu vereinen; sie können sogar die Welt mit hineinnehmen in die eigene Begegnung mit Gott, so schwach wir auch sind. Paulus betont dazu: Gott hat »das Törichte«, »das Schwache in der Welt erwählt«. Deshalb schreibt das Johannes-Evangelium vom Geist Gottes, der in uns wohnt. Und nach Paulus betet dieser Geist in uns: »Abba, Vater.« Es ist der Geist Jesu Christi, der Geist seiner Liebe zu uns, der unsere Schwachheit stark macht.

Es wäre nun angebracht, das Gesagte auch in einer dogmatisch fixierten Ordnung darzustellen. So berechtigt dies ist, beim Umgehen mit dem konkreten »Fromm-Sein« birgt es die Gefahr in sich, Glaubenserfahrungen des Lebens, wie sie die Heilige Schrift darstellt, abzuschieben in ein gewußtes System. Doch hier bemühen wir uns, ganz nahe an diesem konkreten »Fromm-Sein« zu bleiben, worauf doch letztlich die dogmatischen Wahrheiten des Christentums beruhen.

Das Geheimnis des Hinabsteigens Gottes in die Wirklichkeit seiner Schöpfung durch seine Menschwerdung in Jesus Christus überhöht und bestätigt nämlich dasjenige, was oben zur Liebe Gottes als dem Skandal für unser Denken gesagt wurde. Gott ist weder die alles durchziehende und in sich auflösende Allgemeinheit des Seins, noch ist er die Strenge des Gesetzesgebers, bei dem ein Sprechen von Liebe gleichsam unsinnig wird. Sondern Gott ist der Nahe, der uns liebt, wie nur Menschen sich lieben können. In dieser Liebe hat er uns Dasein geschenkt, so daß auch wir ihn lieben können. Diese Liebesnähe aber ist in Jesus Christus und seiner Ausstrahlungskraft, seinem Weiterwirken so eng mit uns Menschen verbunden, daß wir sie in Jesus von Nazaret verehren und lieben können. In Jesus zeigte Gott seine Nähe zu einem jeden von uns, indem er einer von uns wurde. Was sich alles daraus ergibt, zeigt die Geschichte des Christentums, zeigen aber auch die menschlichen Schwächen, die im Christentum sichtbar werden: »Das Törichte in der Welt hat Gott erwählt, um die Weisen zuschanden zu machen«, schreibt daher Paulus und meint damit nicht zuletzt auch unsere Schwächen, die wir an Christus glauben möchten.

»Fromm-Sein« ist daher für den Christen kein statischer, unbeweglicher Besitz. Es ist in diese Dialektik hineingestellt, die das Leben Jesu Christi und seiner Nachfolger durchzieht. »Fromm-Sein« ist mit hineingenommen in die Aufgabe, Christus und sein Erbe persönlich zu behüten und auch weiterzugeben. Fromm-Sein heißt auch immer, sich der eigenen Schwachheit neu zu besinnen und von neuem dem Urauftrag Jesu anzugleichen, in die Ausstrahlungskraft Jesu von Nazaret hineinzutreten und sie für unsere Zeit sichtbar zu machen, sie nicht im Alltag erlöschen zu lassen, sondern immer neu zu verlebendigen. Die Bibel und der Glaube sprechen hierbei von Gottes, von Jesu Geist.

5. Skandal und Verheißung
   des Kreuzes

Das Denk-»Ärgernis« der Liebe Gottes zum Menschen, zu jedem einzelnen Menschen, das mit der Menschwerdung Gottes in Jesus Christus einen Höhepunkt erreicht, verdichtet sich noch einmal. Denn dieser Jesus, in dem der christliche Glaube Gottes Herrlichkeit erkennt und sich glaubend in seine Ausstrahlungskraft, in seinen Geist hineinbegibt, um dort »fromm« zu sein, starb qualvoll am Kreuz. Ihm scheint sogar die »Gott-Vater«-Spiritualität, in der er lebte und die er uns weitergab, erdrückt worden zu sein, so daß er nur noch den seit seiner Kindheit auswendig gewußten Psalmvers hinausschreien konnte: »Mein Gott, mein Gott, warum hast du mich verlassen! Eloi, Eloi, Lama sabachtani!« Die nicht-jüdischen Henker mißverstanden dies auch prompt als Hilferuf nach Elija. Für uns heute ist es ein Hinweis auf die geschichtliche Wahrheit dieses Schreis. Wie skandalös er aber ist, sieht man schon daran, daß der Evangelist Lukas ihn umdeutet zu: »Vater, in deine Hände lege ich meinen Geist!«; und daß das Johannesevangelium in ihm sogar das siegreiche Finale des Lebens Jesu findet: »Es ist vollbracht!«

Doch Jesus schrie tatsächlich seinen äußeren und mehr noch seinen inneren Schmerz des Verlassenseins von allen, insbesondere aber von Gott, seinem Vater, in die tiefste Dunkelheit hinein – er, der nach christlichem Glauben als göttliche Person, als ewiges Wort Gottes von zeitüberlegener Absolutheit ist. Der große Zenbuddhistische Meister, Daitaro T. Suzuki, schreibt: Daran erkenne ich den Unterschied des Christentums vom Buddhismus; Buddha, der Erleuchtete, schläft nämlich als wahrer Meister mit ruhiger Gelassenheit in die Vollendung hinein, die ihm der leibliche Tod endgültig eröffnet. Aber wer diese Vollkommenheitsstufe noch nicht erreicht hat, dessen Leiblichkeit muß aufgebrochen werden zur tieferen Innerlichkeit, zum endgültigen Ziel.

Doch hier zeigt sich, wie fruchtbar die oft ernüchternde Tatsachenforschung für die christliche Spiritualität sein kann. Sie läßt das furchtbare historische Geschehen des Kreuzestodes Jesu nicht schon von seiner Ausstrahlungskraft, die in der Liebe und dem Glauben der jungen Gemeinde lebte, überdecken. Die junge Gemeinde nämlich wußte: »Und am dritten Tage auferstanden von den Toten.« Sie hat diese Sicherheit schon in die Leidensvorhersagungen Jesu und dann mit Lukas in den Todesschrei hineingelegt. Aber Jesus wurde damals von der brutalen historischen Tatsächlichkeit seines Sterbens in die brutale Todesdunkelheit hinabgestoßen. Ein kirchliches Konzil hat den christlichen Glauben eingesammelt und die erschreckende Tatsache bestätigt: Es sei richtig zu sagen: Gott selbst (der »Unsterbliche«!) sei in Jesus am Kreuz gestorben. Dies ist die äußerste Konsequenz der totalen Menschwerdung Gottes; in dogmatischer Buchstabierung: das göttliche Wort hat als eine »Person« die menschliche »Natur« ganz und gar angenommen. Und dies ist der Jesus von Nazaret. Wegen der skandalösen Radikalität des Redens vom »Tod Gottes« am Kreuze Jesu Christi aber sei dies nur in aller Vorsicht auszusagen, fügt das Konzil klugerweise hinzu.

Bevor das Nachsinnen weitergeht, ist diese skandalöse Radikalität zu verinnerlichen. Für jede Religion, die auf die Absolutheit Gottes setzt, muß ein solches Reden zunächst wie eine Gotteslästerung aussehen: Der unsterbliche Gott ist am Kreuz gestorben! Wer Gottes Absolutheit anerkennt, wird sich weigern, Gott so tief in den irdischen Lauf der Dinge, der Menschen einzulassen. Doch gerade daran leuchtet das Geheimnis der Liebe Gottes zu den Menschen in der Menschwerdung Gottes auf. An dieser Aussage wird sichtbar: Gott ist größer als alles menschliche Verstehen-Wollen. Am Kreuz Jesu Christi, des ewigen Sohnes des himmlischen Vaters, leuchtet das Wunder der Liebe Gottes zu den Menschen am hellsten auf: Gott ist in Wahrheit Mensch geworden.

Und Gott hat das Menschsein bis ins Letzte, bis ins qualvolle Sterben am Kreuz ernst genommen. Man versteht, warum viele aus der Achtung vor Gottes Absolutheit das dogmatische Wort von Gottes Menschwerdung als eine Metapher, eine nur bildhafte Äußerung darstellen möchten: Jesus sei ein »göttlicher« Mensch gewesen. Doch in Wahrheit ist gerade dies die Mitte des christlichen Glaubens, daß Gottes Menschwerdung unser ganzes Menschsein in seiner Endlichkeit umfaßt, damit auch unser aller Sterben. Gottes Menschwerdung ist kein Masken-Spiel, in dem einer für wenige Augenblicke oder auch Tage eine andere Maske, die des Menschseins, aufsetzt. Es ist volle Realität – auch wenn wir sie rational nicht durchschauen können.

Auch die Leidensankündigungen Jesu im Evangelium: »aber am dritten Tage wird er auferstehen von den Toten«, heißen nicht, daß Jesus im Hinterkopf sich des guten Endes bewußt war; sondern tragen schon den Glauben der jungen Kirche in das unfaßbare Geschehen hinein: Jesus war immer mit dem Vater verbunden, auch in dem Schmerzensschrei am Kreuz. Er hat gleichsam sein Vertrauen von sich weg auf den Vater geworfen. Paulus beruft sich hierzu auf die Liebe – »bis zum Tod am Kreuz«. Kreuz als Zeichen der Liebe.

Und darin liegt die Kraft und der Trost, den Christen im eigenen Sterben erfahren dürfen: Jesus, Gott versteht deinen Schmerz; denn er hat ihn selbst erlitten. Er reicht dir in dieser schweren Stunde des Sterbens seine Hand, weil er in Jesus dein Bruder geworden ist.

Philosophisch wird das gleiche oft in einer fragenden Anklage an Gott formuliert: Wie kann er das Elend dieser Welt erdulden? Doch diese Anklage trifft auf einen Gott, der – wie es zum Ölbergsgebet Jesu heißt – selbst den Kelch des Elends bis zur Neige ausgetrunken hat. Gott steht an der Seite unseres tiefsten Leidens. Aus diesem Kreuzesglauben aber wuchs/wächst der Mut so vieler Christen im Sterben. Angefangen von den Märtyrern (schon Stephanus) bis zur Befreiungstheologie, die es wagt, mitten in das Leid der unterdrückten Völker hineinzusteigen. Sterbende aber greifen deshalb in ihrer letzten Stunde mit der Hand zum Kreuz. Es ist eben nicht nur Schmuckstück in der guten Stube des Lebens oder ein Wegmal auf einem gelegentlichen Pilgerweg. Es ist die Befreiung unserer Existenz in ihrer Endlichkeit: Auch Er, auch Du, mein Jesus, hast diesen letzten Gang getan, der mir bevorsteht. Du gehst mit mir. Doch weil Du es bist, Jesus, Gottes menschgewordener Sohn, darf ich auf das Ende des Leidens Gottes hoffen, auf seinen endgültigen Sieg, der in der Auferstehung sichtbar wurde. Doch dieser Blick der Hoffnung auf Gottes Sieg wird getragen von dem schlichten Du zu Jesus, der mein Leid kennt und es mit seinem Kreuz auf sich genommen hat.

Dürfte ich ohne dieses Zeugnis des Kreuzes noch an die liebende Allmacht Gottes glauben? Philosophen formen aus dieser Frage nach dem Leid der Menschen tatsächlich das Dilemma: Entweder ist Gott nicht gütig, weil er angesichts des Elends unserer Welt nichts unternimmt, obgleich er es in seiner Allmacht könnte; oder er ist nicht allmächtig, weil er in seiner Liebe zu uns nichts tun kann, obgleich er es vielleicht möchte. Doch Gott läßt sich nicht mit diesem einspurigen Denken begreifen. Sein Weg, in dem er seine allmächtige Güte zeigt, ist vor allem der des persönlichen Engagements von Jesus: Er versuchte als Mensch doch das Leid, wo immer er ihm begegnete, zu heilen oder zu mildern; das Neue Testament ist ein rundes Zeugnis dafür, und der Auftrag an uns Menschen ist unüberhörbar. Doch darüber hinaus nahm Jesus existentiell das Leiden in seiner äußersten Verlorenheit auf sich und führte es – durch den Karfreitag hindurch – zur endgültigen Befreiung am Ostersonntag. In den weit ausgespannten Armen des Gekreuzigten findet die christliche Ikonographie beides: den unendlichen Schmerz des Ausgeliefertseins an die Nägel des Kreuzes bis zum Tode, wie auch Gottes allumfassende Liebe, mit der er am Tag der Auferstehung alle umarmen wird in Gottes Seligkeit hinein, zum Sein mit Gott. Und diese beiden Aussagen sind Ausdruck des einen christlichen Dogmas: wahrer Mensch in seinem Todes-Leiden; wahrer Gott in der Befreiung der Auferstehung, wohinein das Kreuz wie ein Schlüssel die Menschen führt.

Eine Lieblingsfrömmigkeit des christlichen Volkes feiert dieses Geheimnis des »Todes Gottes« aus Liebe zu den Menschen in anderer Weise. Die Nonnen von Helfta um Gertrud und die beiden Mechthilde nahmen im deutschen Mittelalter mit der Herz-Jesu-Verehrung eine uralte Andachtsform auf, und etwa 500 Jahre später brachte dies die heilige Maria Margareta Alacoque zu neuer Blüte: Diese Herz-Jesu-Frömmigkeit hat tiefe biblische Wurzeln. Johannes erzählt, daß man die Gebeine des gestorbenen Jesus nicht wie üblich zerschlug, sondern wie das rituelle Osterlamm ungebrochen ließ. »Und einer der Soldaten stieß mit der Lanze in seine Seite, und sogleich floß Blut und Wasser heraus.« Wie wichtig dies Johannes war, zeigt die Bestätigung dieser Szene durch alttestamentliche Schriftzitate.

Wenn auch für manchen Christen Herz-Jesu-Frömmigkeit aufgrund kitschiger Gebete und Bilder fremd geworden ist, so sollte er doch gerade in seinem »Fromm-Sein« die darin Gestalt gewordene christliche Wahrheit als »Herzens«(!)-Anliegen verehren: Gott wurde Mensch, wurde mein Bruder »bis zum Tod am Kreuze« und nahm mich aber deshalb mit auf seinen Weg zur Herrlichkeit des Vaters.

Ein recht unscheinbares, persönliches Erlebnis kann vielleicht beleuchten, welche Rolle das »Fromm-Sein« mit diesem Jesus, dem Mensch-gewordenen Gottessohn spielen kann. Im engagierten Nachsinnen über den Glauben stieß ich immer wieder an die gleichen Schwierigkeiten: Unsere doch so winzige Erde in dem Kosmos, dessen unfaßbare Größe immer noch unfaßbarer wird. Und wenn diese Erde doch vielleicht dem nahen Untergang geweiht ist ...? Und wenn anderswo im Kosmos ebenfalls intellektuelle Wesen zu finden sind ...? Und wenn unser eigenes Dasein doch nur ein Zufallsprodukt einer günstigen Konstellation der Materie ist ...? – Doch plötzlich wurde dieses mein Denken gleichsam umgeworfen durch den Blick auf Jesus Christus, der mich und all die Menschen liebt. Die Denk-Gebäude fielen in sich zusammen und ich war überzeugt: Diese Liebe Gottes ist der Angelpunkt des Kosmos, nicht aber die noch so wichtigen Erkenntnisse von seinem Aufbau, seiner Ausdehnung, seiner Geschichte. Mir wurde gleichsam ein Schritt geschenkt, ein Sprung vom Intellekt zu dem schlichten »Fromm-Sein«, um das es uns hier geht. Gerade auf dem Hintergrund unseres Fragens nach dem »Eigentlich nur: Fromm-Sein« muß man sich den tiefen menschlichen und den theologischen Sinn der Herz-Jesu-Frömmigkeit neu erschließen: Die anderen berechtigten Fragen, die wir von der modernen Wissenschaft hören, fallen nicht in sich zusammen, bekommen aber ihren rechten Stellenwert. Mit seinem »Fromm-Sein« nämlich tritt der Christ vor Gott, der sich nicht scheute, einer von uns zu werden, der ganz und gar Mensch, mein Bruder wurde in seinem Sohn Jesus Christus, und dies »bis zum Tod am Kreuz«.

6. Der Abgrund vom Menschen zu Gott

Nur die Tatsache des Kreuzes, der vom »Gottessohn« durchlittenen »Gottesferne« und damit der allumfassenden »Gottesliebe«, die nach drei Tagen an Ostern sichtbar wurde, öffnet ein Verständnis für das, was die Tradition mißverständlich »Erbsünde« nannte. Ein bedeutender Philosoph der Moderne, Max Horkheimer, Haupt der sogenannten Frankfurter (Philosophen-Soziologen)-Schule, der vom marxistischen Ansatz her sich zur »Sehnsucht nach dem ›ganz Anderen‹« bewegte, meinte dazu: Obgleich er nichts von kirchlichen Dogmen halte, finde er die Wahrheit von der Erbsünde jeden Tag in der Zeitung. Zu offensichtlich laste ein allgemeines Unheil auf dem Menschengeschlecht. Auch die christliche Befreiungstheologie spricht daher ähnlich von einer »gesellschaftlichen, sozialen Sünde«. In seinem immer noch wichtigen Buch über »Die Vielfalt religiöser Erfahrung« hat der Psychologe William James diese Erfahrung auf die subjektive, persönliche Seite schon vor 100 Jahren empirisch aufgeschlüsselt und damit Max Horkheimers Stoßseufzer auch auf einer praktisch-religiösen Ebene Profil gegeben. Er unterscheidet die »einmal-geborenen« Menschen von den »zweimal-geborenen«. Nur bei letzteren gebe es eine eigentliche kreative Religiosität. Mit »zweimal-geboren« aber meint er Menschen, die aus einem existentiellen Tief zur Religion gefunden haben. Und dieses »Tief« ist entweder die Melancholie, was die Wüstenväter »accedia« nannten, oder eine tiefgreifende Lebens-Angst, die heute so häufig zu finden ist, oder einfachhin die Belastung mit einer persönlichen Sünde. Horkheimer und

James haben zweifelsohne besser als manche Theologen verstanden, was die kirchliche Lehre von der Erbsünde für die persönliche Erfahrung und soziale Wirklichkeit bedeutet.

Biblisch beruft sich diese kirchliche Lehre auf Paulus. Auch er verknüpft das Unheil der Menschen (Tod, Schmerz, Versagen) eng mit der Sünde. Was er im eigenen Ringen um die Befreiung von der Gesetzlichkeit des Alten Testaments erfahren mußte, überträgt er auf das Menschengeschlecht im Ganzen: Die Menschen seien nicht nur im Schicksal von Leiden und Sterben miteinander verbunden, sondern ebenso und noch tiefer in der Ursache des Todes, in der Sünde und in der Verlorenheit vor Gott. So schreibt er: »Durch einen einzigen Menschen kam die Sünde in die Welt und durch die Sünde der Tod, und auf diese Weise gelangte der Tod zu allen Menschen, weil alle sündigen.« Die Vertiefung einer persönlichen Erfahrung zur dogmatisch-allgemeinen Wahrheit aber wurde von dem Blick auf die Erlösungskraft des Kreuzes gelenkt und gleichsam umgekehrt. Paulus fährt nämlich fort: »Sind durch die Übertretung des einen die vielen dem Tod anheimgefallen, so ist erst recht die Gnade Gottes und die Gabe, die durch die Gnadentat des einen Menschen Jesus Christus bewirkt worden ist, den vielen reichlich zuteil geworden.«

Was empirisch auch Max Horkheimer feststellte und wozu William James auf dem Hintergrund seiner Forschungen eine überraschende, religiöse Deutung gab, wurde für die christliche Tradition, die sich auf Paulus stützt, zur Lehre von der Erbsünde. Sie versucht radebrechend, wie so oft, eine Erfahrung auszusprechen, daß es doch unmöglich sei, aus eigenen Kräften der Heiligkeit Gottes zu entsprechen, den Abstand dieser Welt zu Gott und die Beschränktheit dieser Welt in sich zu übersteigen zur unendlichen Heiligkeit Gottes. Doch mit der Menschwerdung und Erlösungstat von Gottes eingeborenem Sohn Jesus Christus wurde der Abstand zwischen Gott und Mensch überwunden, wurde mit dem menschgewordenen Gottessohn eine Brücke geschlagen zwischen dem irdisch-menschlichen Unheiligen und der göttlichen Heiligkeit. Die Unendlichkeit Gottes wurde zur personalen Einheit mit der Endlichkeit dieser seiner Schöpfung.

Die Theologen haben nun verschiedene Wege gesucht, um das mit Erbsünde Gemeinte und der Befreiung durch Jesus Christus recht zu verstehen. Eine nicht geringe Anzahl der Kirchenväter und alten Theologen glaubt sogar, Gott habe von Anfang an die Welt geschaffen auf diese Vollendung in Jesus Christus hin; er vereine doch durch sein Wesen beides in einer Person: Gottes Absolutheit und die gebrochene Existenz des Menschen. Es ist interessant, daß in unserer Zeit sich Teilhard de Chardin zu diesem gewaltigen Weltbild bekannte: Gottes Schöpfung (der Punkt Alpha) werde sich vereinen zum göttlichen Dasein im Punkt Omega, im kosmischen Christus. Die Gesamtevolution werde mit ihrem Beginn von der Urkraft dieses kosmischen Christus regelrecht angezogen. So viel man auch an Einzelheiten dieser großartigen Synthese auszusetzen hat, sie sollte doch mehr als üblich Leitbild des Nachdenkens über Erbsünde und Erlösung in Jesus Christus sein. Meist allerdings bleibt das theologische Denken bei schlichteren Ansätzen hängen.

Die auf breiter Empirie beruhende und immer noch unüberholte Analyse von William James macht auf eine Tatsache aufmerksam: Die Zweimalgeborenen, also diejenigen, die sich aus einem »Tief« zum »Hoch«, zur tieferen Religiosität emporgerungen haben, sind doch die kreativen, die wirklich religiösen Menschen. Es ist eine Tatsachen-Erkenntnis, die man auch verbinden kann mit dem, was oben unter dem Stichwort »Liebe« gezeigt wurde. Liebe ist doch aus sich heraus stets eine Art von Geschenk. So ist auch der »Himmel«, die Vollendung des menschlichen Lebens, also das endgültige Ruhen in Gott, zuerst und übergreifend ein Geschenk von Gott; und erst im Geschenk wird auch das menschliche Wirken angefordert und sichtbar, das sich den Himmel »verdienen« soll. William James beschreibt daher empirisch den nur »Einmalgeborenen«, den Menschen ohne eine Art von Bekehrung, also bewußter Hinkehr zu Gott, als jemanden, der daher auch ohne tiefere Religiosität ist. Dogmatisch zugespitzt formuliert: Die »Erbsünde«, also das Verlorensein vor Gott, lastet auf allen Menschen; und uns allen ist daher in der Gnade Gottes diese Hinkehr zu Gott, also das »Zweimal-geboren-Werden« aufgetragen.

Das Nachsinnen über »Liebe« zeigt: Je mehr einer vom Geschenk der Liebe, das ihn aus dem Abgrund der Nicht-Liebe herauszieht, verzaubert ist, desto mehr wird er zum freien, guten Menschen. Hier nun geht es um die Liebe Gottes, die die Vollendung des Menschen bedeutet und aus ihrer Mitte heraus nur ein Geschenk sein kann. Wer dieses Geschenk von Gottes übergroßer Liebe, also seiner Gnade erfährt, kann sich ihm gegenüber gar nicht anders erleben als ein Mensch, der aus der Tiefe des Todes in das Leben Gottes erhoben worden ist, eben wie es James nennt, als einer, der zum zweiten Mal und nun zum wahren Leben geboren wurde. Das will auch Paulus im Römerbrief sagen, und das gleiche versucht die Lehre von der Erbsünde dogmatisch festzuhalten.

Was gedanklich einleuchten mag, ist in Jesus Christus lebendige Person geworden. Er hat unser Nicht-Können, unsere Verlorenheit, unsere endliche Existenz bis ins Letzte durchlitten und dadurch – mit den offenen Armen des Gekreuzigten – geöffnet hin zu Gott. Er hat den Panzer des Selbst-leisten-Wollens (des Nur-einmal-geboren-Seins) aufgebrochen, als er sich – in der menschenmöglichsten Zuspitzung – am Ölberg in den Willen Gottes hineinwarf: »Nicht mein, sondern Dein Wille geschehe!« Das dunkle Psalmwort, das er am Kreuz ausschrie: »Mein Gott, warum hast du mich verlassen«, ist die menschlich sichtbare Seite dieses Sich-hinein-Werfens in Gottes Dunkelheit. Romano Guardini hat eine Dimension davon in seinem wohl persönlichsten Buch auf die Formel gebracht: »Von der Annahme seiner selbst.« Dieses Ja – nicht zur eigenen Größe, sondern zum eigenen »Schick«-sal, zum Weg, den Gott »schickt«, mag er noch so dunkel sein – wurde in Jesus zum Loslassen selbst seiner Vater-Spiritualität hinein in die Dunkelheit Gottes. Durch dieses selbstlose Ja zur dunklen Führung Gottes bis in den grausamen Tod der Gott-Verlassenheit hinein, hat er den Panzer des Selbst-Könnens, mit dem sich die Menschen gegen die Führung Gottes absichern möchten, aufgesprengt in die je-größere Liebe zur Führung Gottes, zum »Schick«-sal.

»Erbsünde«, das heißt, wenn auch das Wort sperrig ist: Wir alle stecken in diesem Panzer des Selbst-Wollens, sind verbunden in dieser Solidarität der Selbst-Verfügung. Mit der »Annahme seiner selbst«, wie sie Guardini versteht – also nicht die des Selbstkönnens, sondern die der Führung Gottes – befindet sich der Mensch auf dem Weg Jesu. Im Gehorsam ließ Jesus sich ein, wie die Schrift betont, in die Verfügung des Vaters. Darin aber wurde sichtbar, erlebbar, daß er von seinem Wesen her die Brücke bildet zwischen der Unendlichkeit Gottes und der Endlichkeit des Menschen. Das gelebte Ja zum Willen des Vaters nahm das Endlichsein des Menschen an bis in die Wurzel des Todes. Jesu substantielles Wesen, Gott und Mensch zu sein, verwirklichte sich im gehorsamen Tun. Jesus, der Gott-Mensch, überbrückte den Abgrund zwischen Gott und Mensch auch durch sein Lebenszeugnis. Nachfolge Jesu bedeutet nichts anderes, als ihm auf diesem seinem Weg zu folgen.

Viele große Heilige (wie Teresa von Avila) bejahen in ihrem Bekenntnis, Sünder zu sein, den Abstand zwischen Gott und Mensch, und wissen sich gerade in diesem Bekenntnis getragen von Gottes Liebe. Sie wagen zu sagen, was sowohl Meister Eckhart wie auch die sogenannte »kleine« Therese von Lisieux (1872–1897) bekennen: Ich bin vor Gott ein reines »Nichts«. Doch Gott selbst hat in Jesus Christus diesen totalen Abstand zu sich, dem ewigen Sein, überbrückt. Ignatius legt deshalb auf die Sündenbetrachtungen in den Exerzitien so großen Wert. Es ist ein Ausdruck dafür, daß einer sich in die Nachfolge Jesu, des ursprunghaft und substantiell »Zweimalgeborenen«, hineinbegeben möchte. Jesus hat doch, obgleich »ohne Sünde«, die Folge und die leibliche Gestalt dieses Getrenntseins von Gott bis zum Letzten auf sich genommen und damit überbrückt. Ein Jesus-Wort läßt etwas von der dramatischen Ungeheuerlichkeit dieser Wahrheit ahnen. So sagt er zur öffentlichen Sünderin, einer Prostituierten: »... ihr sind ihre vielen Sünden vergeben, weil sie viel geliebt hat; wem aber wenig vergeben wird, der liebt wenig.« Die Einheitsübersetzung entschärft dies leider zu »... mir viel Liebe gezeigt hat«; aber Jesus will doch sagen (mit James formuliert): Nur aus dem Tief der eigenen Verlorenheit steigt die wahre Religiosität empor.

Es geht einfachhin um die christliche Grundwahrheit: Der unendliche Abstand vom Geschaffenen zum Schöpfer ist vom Geschöpf zuerst einmal anzuerkennen. Ob man es Sünde nennt oder Geschaffensein, ist zweitrangig. Aber unsere Heiligen trugen in diese Erfahrung von Gottes übergroßer Heiligkeit ihre kleinen Unaufmerksamkeiten ein und erlebten dies als »Sünde«. Auf sich gestellt aber kann das Geschöpf den Abstand zum Schöpfer nicht überbrücken, so groß seine »Sehnsucht nach dem Ganz-Anderen« (Max Horkheimer) sein mag. Doch Gott selbst hat die Brücke geschlagen in der Menschwerdung seines Sohnes Jesus, der gehorsam ward »bis zum Tod am Kreuz«. Die christlichen Mystiker, die sich als Sünder bekennen, drücken damit die Erfahrung des endlichen Menschen aus, der vor der Unendlichkeit und der absoluten Heiligkeit Gottes steht.

»Einfach nur fromm sein!« Mit Romano Guardini gesagt: »Annahme deiner selbst!«; nicht, weil du so groß und stark bist, sondern weil du weißt: Dein »Schick«-sal ist von Gott ge-»schickt«. Im Blick auf Gottes Güte bin ich, wie vollkommen ich auch scheinen mag, nur Sünder, der Gottes Gnade braucht. Gott allein schenkt das Leben. Selbst Jesus rang mit dem Vater in der schwersten Stunde seines Lebens am Ölberg um diese Annahme des Schicksals: »Vater, wenn der Kelch an mir nicht vorübergehen kann, ohne daß ich ihn trinke, geschehe dein Wille.« In seinem entsetzlichen Leid bis zur Erfahrung der Gott-Verlassenheit wurde diese Übergabe seines Lebens an den Vater, wurde dieses sein Gebet ernst genommen. Damit aber hat er uns allen, seinen Schwestern und Brüdern im Menschsein, die Kraft geschenkt, das von Gott ge-»schickte« »Schick«-sal anzunehmen und so den Weg in das Ja zu

Gottes Unendlichkeit zu gehen. Wir sprechen von Erlösung.

Manches mag überspitzt klingen; aber es ist die Zuspitzung, die in Gottes Menschwerdung bis zum Tod,
die in Jesus Christus liegt. Vielleicht aber versteht das
schlichte »Fromm-Sein«, das an die eigene Brust
schlägt: »Herr, sei mir armem Sünder gnädig!«, dies
besser als das theologische Nachdenken, mag es sich
auch noch so sehr auf Horkheimers Suchen nach dem
»Ganz-Anderen«, auf die Erkenntnis des »Zweimal-ge-
boren-Seins« von James oder auf das Bibel-Zitat von
Paulus stützen. Für das zwischenreligiöse Gespräch
wird die Nähe zur urbuddhistischen Erfahrung deutlich. Für Buddha gehörte die Leid-(Sünde-)haftigkeit ir-
discher Existenz zu den »Vier Edlen Wahrheiten«.
Christlich aber beruht die Befreiung davon nicht auf der
Absage an die Wirklichkeit des irdischen Existierens,
sondern auf der Zusage Gottes, aus Liebe teilzunehmen
an der Verlorenheit des Menschen und die irdische
Wirklichkeit zu erheben zur Verklärung in der Liebesmacht Gottes.

7. Der Siegeshymnus der Auferstehung

All das bisher Bedachte und Meditierte wird zusammengehalten und bekommt damit erst seine volle Bedeutung für das »Fromm-Sein« des Christen durch das Wunder der Auferstehung Jesu. Die in der Bibel gezählten »drei Tage« von Karfreitag bis Ostersonntag, vom Kreuzestod bis zur Erfahrung der Auferstehung Jesu, waren in der jungen Christenheit geradezu eine Kurzformel für diesen christlichen Glauben an Jesus. Oftmals stehen die drei Tage in der Heiligen Schrift einfachhin für den gehorsamen Gang Jesu in den Tod und sein neues Leben in der Auferstehung. Manchmal, wie zur Hochzeit von Kana – »Am dritten Tag fand eine Hochzeit zu Kana statt« – ist kaum zu entscheiden, ob es sich um ein Zeitmaß oder um einen Hinweis auf den dritten Tag des Ostersonntags handelt. Die Erfahrung des auferstandenen Herrn (des dritten Tags) durchzieht das Neue Testament, insbesondere das Johannesevangelium mit der Hochzeit zu Kana.

Allerdings macht man sich zu oft das Reden von der Auferstehung zu leicht, verharmlost damit deren Realität ins Märchenhafte und mindert ihr Gewicht. Es gilt aber hinzuhören auf die Worte der Schrift in ihrer Bedeutungsschwere.

Voraussetzung der weiteren Überlegungen bleibt, wie es schon ständig erwähnt wurde: Die Auferstehung Jesu von den Toten – und damit auch unsere Hoffnung auf persönliche Auferstehung mit Leib und Seele – ist Fundament des christlichen Glaubens. So schreibt Paulus an die Korinther: »Wenn Tote nicht auferweckt werden, ist auch Christus nicht auferweckt worden. Wenn aber Christus nicht auferweckt worden ist, dann ist euer Glaube nutzlos.« Deshalb laufen alle urchristlichen Missions-Predigten der Apostelgeschichte auf die leibliche Auferstehung Jesu hin. Gerade in der Areopag-Rede vor heidnischem Publikum setzt Paulus zwar an im allgemein religiösen Bewußtsein der damaligen Zeit: Gott in allem, auch in uns; und damit findet er Gehör. Doch dann setzt er auf die leibliche Auferstehung Jesu von den Toten; und nun laufen ihm die Hörer weg.

Aber Auferstehung gehört hinein in die Hoffnung und ist kein Besitz von Einsicht oder gar persönlicher Erfahrung. Selbst Jesus ging nicht mit einer Art Attestierung in den Tod hinein: Halte nur durch! Nach drei Tagen geht es in noch herrlicherer Weise weiter! Dieses Verständnis der mehrmaligen biblischen Hinweise Jesu auf seinen Tod und seine Auferstehung verkennt die Aussageweise der Bibel, fällt in eine plumpe Verstandes-Sicht hinein und verkennt damit auch die Grundaussage Jesu von seinem Vertrauen, seiner Hoffnung auf den Vater, in dessen Hände er sich hineinbegibt.

Mit der Frage aber nun: Was heißt denn leibliche Auferstehung? werden wir in das Geheimnis Gottes und seines ewigen Sohnes geführt. Das Fassungsvermögen unserer menschlichen Sinne und unseres Denkvermögens wird damit überschritten. Mit biblischen Worten und im Raum der »Drei theologischen Tugenden« muß man sogar sagen: Hier geht es nicht einmal nur um das Wissen des Glaubens, auch nicht nur um Gottes- und Nächstenliebe; hier geht es um die dritte theologische Tugend, um die Hoffnung. Mit ihr aber werden wir verwiesen in die Dynamik eines »Über-hinaus«, über alles, was der Verstand, auch wenn er gläubig ist, noch greifen und begreifen kann. Paulus mahnt: »Denn wir sind gerettet, doch in der Hoffnung. Hoffnung aber, die man schon erfüllt sieht, ist keine Hoffnung.«

Wichtig ist vor allem: Es handelt sich nicht um das einfache Weiter- oder Neu-Leben eines Gestorbenen, wie es das Neue Testament zur Auferweckung der Tochter des Synagogenvorstehers, des Jünglings von Naim oder des Lazarus berichtet. Am anschaulichsten (soweit man von »Anschauung« sprechen darf) bleibt das, was Paulus in seinem Hymnus auf die Auferstehung im 15. Kapitel des 1. Korintherbriefes schreibt: »Erster ist Christus; dann folgen, wenn Christus kommt, alle die zu ihm gehören. Danach kommt das Ende, wenn er jede Macht, Gewalt und Kraft vernichtet hat und seine Herrschaft Gott dem Vater übergibt. Denn er muß herrschen, bis Gott ihm alle Feinde unter die Füße gelegt hat. Der letzte Feind, der entmachtet wird, ist der Tod ... Wenn ihm dann alles unterworfen ist, wird auch er, der Sohn, sich dem unterwerfen, der ihm alles unterworfen hat, damit Gott alles in allem sei.« Die Einheitsübersetzung wagt den letzten, für sie anscheinend pantheistisch klingenden Satz nicht wörtlich zu übersetzen, sondern verfälscht ihn machohaft: »damit Gott herrsche über allem und in allem«.

Es geht Paulus in diesem Kapitel tatsächlich um unsere, um meine und deine persönliche Auferstehung. Er verbindet sie aber eng mit der Auferstehung Jesu. Von beiden kann er in gemäßer Deutlichkeit nur reden, wenn er sie sieht im Licht des »Eschaton«, der letzten Dinge, des endgültigen Sieges über »jede Macht, Gewalt und Kraft«, im Licht der endgültigen Wiederkunft Jesu und der Rückkehr der Gesamt-Schöpfung mit ihren Menschen zu Gott, dem Vater. Darauf weist Paulus mit starken Worten hin: »Damit Gott alles in allem sei.« Die Hinfälligkeit der Zeit, die ständig ins Vergessen zurückstrebt, ist ebenso überwunden wie die Macht der Sünde und des Todes. Die Welt ist heimgekehrt in die alles vereinende Liebe Gottes. Das ist die Wahrheit auch der Auferstehung des Menschen von den Toten. Daran hat jeder »Auferstehende« Teil, und die alten Bilder, die die ganze Menschheit in die Arme Gottes zurückführen, sind gar nicht so kindlich, wie man sie oft beurteilt.

Davon nun durften die Jünger einen Vorgeschmack erleben in der Auferstehung ihres Meisters. So müssen die Erscheinungen des auferstandenen Jesus verstanden werden. Gerade in ihren auffälligen Unterschieden sind sie ein mühsamer Versuch, diese Erfahrung der Jünger zu buchstabieren. Uns heute aber droht immer neu die Gefahr, diese Auferstehung von den Toten – sei es unsere persönliche, sei es die Jesus – aus den von Paulus angesprochenen Bezügen zum Eschaton, zu den letzten Dingen heraus in die Welt unseres Verstandes hineinzuverlegen.

Doch es geht um keine weltüberlegene »Geistigkeit«, sondern der Auferstandene gehört hinein in diese leibliche Welt: Er ißt und trinkt mit den Jüngern, er läßt seinen Leib und sogar seine Kreuzigungswunden berühren. Aber zugleich ist er erhaben über die Fesseln der Leiblichkeit, Mauern, Räumlichkeit, Entfernungen. In zeitübergreifender Wahrheit läßt Jesus auch die Erstbegegnung der Jünger mit ihm bei ihrer Berufung wieder aufleben; dorthin geht er doch ihnen voran. Die Kraft, von Sünden zu befreien im Auftrag Jesu und damit dessen endgewaltiger Sieg über Sünde und Tod, wird lebendig. Und all das ist vereint in einer neuen Gegenwart beim Abendmahl, wie es Jesus schon vor seinem Tod mit den Jüngern beging und worin er als das »Lamm Gottes« seinen Opfer-Tod im voraus feierte. Die Emmaus-Jünger erkennen ihn und sich in dieser Feier des Abendmahls. Selbst was wir als Himmelfahrt Jesu feiern, von der ja auch die Apostelgeschichte berichtet, muß als das Erleben verstanden werden, daß dieser Jesus in der Auferstehung schon endgültig als der Menschgewordene zum Vater heimgekehrt ist – ganz gleich, wie er sich in der Raum-Zeitlichkeit unserer Welt zu erkennen gibt.

Auch unsere Hoffnung auf die Auferweckung von den Toten, die wir für unsere Lieben und uns selbst erbeten, ist unablösbar in dieses Geheimnis des »Eschatons« eingebunden. Wer möchte schon in der oft jämmerlichen Gestalt der letzten Stunden des Lebens weiter existieren? Doch die Hoffnung auf persönliche Auferstehung reicht tiefer, sie reicht in die »neue Erde« und den »neuen Himmel« hinein. Auch von ihr gilt das, was Gott im Schlußhymnus der Offenbarung des Johannes verheißt: »Seht, ich mache alles neu ... Der Tod wird nicht mehr sein, keine Trauer, keine Klage, keine Mühsal. Denn was früher war, ist vergangen.« Die Auferstehung von den Toten – früher hat man es versucht mit persönlicher und allgemeiner Auferstehung von den Toten zu interpretieren – gibt uns und den Menschen, die wir lieben, Anteil an Gottes Leben über alle Vergänglichkeit hinaus.

Unsere Raum- und Zeit-Kategorien werden doch überstiegen in das Leben Gottes hinein, in das er Jesus nach seinem furchtbaren Tod auch in seinem Menschsein hineinnahm. Dort aber ist alles sieghaft vereint und wie Paulus ausruft: »Gott alles in allem.«

Wer darüber nachsinnt, muß sich eingestehen, daß seine Begriffe und Vorstellungen immer wieder in Raum und Zeit zurückfallen und das Gemeinte nur berühren können. Im Glauben an und in der Hoffnung auf meine und deine Auferstehung aber verbindet sich mein und dein Schicksal mit dem des Jesus Christus, des Erst-Auferweckten, des »Erstgeborenen von den Toten«. Damit wird die Hoffnung auf die neue Welt, auf das Eschaton berührt, in dem »Gott alles in allem« ist. Unsere Zeit- und Raum-Kategorien sind überstiegen in das Leben des ewigen Gottes hinein, wohinein er den Menschen Jesus nach dessen furchtbarem Tod aufgenommen hat. In ihm aber ist alles sieghaft vereint, und damit ist, wie es Paulus lehrt, »Gott alles in allem«.

Man darf und muß mit unseren banalen Worten, die doch stets noch in Raum und Zeit gründen, das Gemeinte und Angedeutete zusammenfassen, obgleich es Raum und Zeit übersteigt: Im Glauben an ihn, Jesus, in der Hoffnung auf meine und deine Auferstehung von den Toten vereint sich das eigene, persönliche Schicksal mit dem Schicksal Jesu Christi, des Erstauferweckten, des »Erstgeborenen von den Toten«. Dorthin schaut und sehnt sich die Hoffnung auf die Neue Welt, die Hoffnung auf Auferstehung. Sie ist nicht leer, sondern ruht in der Auferstehung des Jesus von Nazaret.

Das »einfach nur fromm-sein« zeigt seine Tiefendimension; sie verläuft sich nicht in der Breite eines Begreifen-Wollens, sondern erhebt sich immer neu über das Begreifen-Können hinaus und schaut mit Jesus Christus auf die unendliche Liebesmacht des Vaters. Das kühne Wort des Paulus von »Gott alles in allem« wird leicht mißverstanden: Aber es umreißt in überschwenglichen Worten das innere Glück, was mit leiblicher Auferstehung von den Toten gesagt sein will.

Auch unser Beten für diejenigen, die in unserer Welt tot sind, möchte gleichsam die Enge dieser Welt durchstoßen und den Toten unserer Welt das ewige »Jetzt«, die »Ruhe« Gottes öffnen.

8. Existieren vor dem »je-größeren« Gott

Die Überschwenglichkeit des paulinischen Siegesjubels über die Auferstehung mit dem Schlußsatz: »Gott alles in allem«, was für manch einen zu pantheistisch zu sein scheint, klingt erstaunlich oft auch sonstwo im Neuen Testament an, wobei jedoch kein Zweifel daran besteht, daß es ganz selbstverständlich geprägt ist vom wissenden Glauben an den Schöpfergott; er steht in ewiger Unabhängigkeit der Welt, die sein Werk ist, gegenüber. Doch diese unbestrittene Dualität des Gegenüberstehens scheint von einer Einheitsbeziehung zwischen Gott und seinem Werk, der Welt, nicht so scharf zu unterscheiden zu sein, wie man es in der Polemik zwischen Monotheismus und Pantheismus wahrhaben will. Schon im gleichen Korintherbrief, in dem Paulus von »Gott (als) alles in allem« schreibt, zeigt er in anderer Weise einen Grund für diese Annäherung auf: »Alles gehört euch, ihr aber gehört Christus und Christus gehört Gott ...« Im Prolog des Johannesevangeliums und ähnlich im Epheserbrief wird diese Wahrheit des göttlichen »Wortes«, auf dem die Einheit der Schöpfung in sich und mit Gott ruht, ausdrücklich beschrieben. »Er (der Gott und Vater unseres Herrn Jesus Christus) hat beschlossen, die Fülle der Zeit heraufzuführen, in Christus alles zu vereinen, alles, was im Himmel und auf Erden ist.«

Die erste Vorgabe für jeden Verstehensversuch muß das sein, was Erich Przywara (1889–1972) in seinem genialen, wenn auch eigenwilligen Exerzitienkommentar schon mit der Überschrift anzeigt: »Deus semper maior«, »Gott ist je größer« – auch größer als alles, was noch so gescheite Theologen über Gott zu erkunden und gewissenhafte Amtsträger zu predigen versuchen. Doch gerade hier gilt das Wort eines anderen Theologen: »Nur das Geheimnis tröstet.« Wenn es aufgelöst würde in Wissen – wie etwa ein Rätsel oder auch wie eine metaphysische Urwahrheit im Sinne der »Idea clara et distincta«, »der durchsichtigen und umschreibbaren Idee« des Descartes (1596–1650) –, würde aus dem Wunder der Existenz ein manipulierbarer Gegenstand.

Wir berührten dieses Geheimnis des »je-größeren Gottes« schon öfters, besonders als es um das Verständnis von Ewigkeit ging. Ewigkeit ist nicht einfach ein Stillstand von Zeit, ist kein »nunc stans«, kein »in sich verharrendes Jetzt«, wie man es gerne formulierte. Das wäre doch Tod und Leere. Gottes Ewigkeit ist ein flutendes Gegenwärtigsein von allem, was Zeit nur besagen kann; und dies deshalb, weil Ewigkeit alle Zeiten übersteigend zugleich alle Zeiten in sich umfaßt. Ähnlich muß man auch von Gottes »räumlicher« Gegenwart gegenüber dem Raum seiner Schöpfung sprechen; alle Dimensionen, auch die des Getrenntseins durch Raum und Zeit, werden umfaßt, weil alles aus Gott kommt und in ihm geborgen bleibt. Er ist überall – nicht als anwesend im Sinne von hier und da und dort, sondern als alles übergreifend und allem von innen her Leben schenkend.

Gottes All-Gegenwart in seiner Welt übersteigt somit notwendigerweise das menschliche Fassungsvermögen, das eine Anwesenheit geographisch und lokal festzulegen versucht. Die Dimensionen von Raum und Zeit werden durch Gottes Gegenwart überschritten: Gott ist »semper maior, je größer«. In der Denkweise vergangener Theologie versuchte man dies auch folgendermaßen auszudrücken: Gottes Schöpfungstun hat kein Ende; denn Gott erhält alles, was da ist, in seinem Sein. Ließe er – nach einem sehr menschlichen und falschen Denk-Experiment – seine ständige Schöpfungskraft ruhen, fiele alles, was da ist, ins Nichts zurück. So also sind alle Dinge der Welt in ihrem Eigensein stets gehalten von Gott; und Gott ist ihnen somit gegenwärtiger als sie sich selbst – so wie es in dem berühmten Gebet des hl. Augustinus (354–430) heißt: »Du, o Gott, bist mir innerlicher als mein Innerstes und höher (unbegreifbarer) als mein Höchstes.«

Die Rückbesinnung auf das Urgeheimnis des christlichen Glaubens, daß doch der eine Gott dreifaltig ist, vertieft dieses Geheimnis der All-Gegenwart Gottes, löst es aber nicht auf. Zuerst ist nämlich wiederum zu sehen, wie sehr hiermit das menschliche Verstehen überstiegen wird. Fußend auf dem Zeugnis der Heiligen Schrift hat die kirchliche Überlieferung in einer langen Geschichte um die rechte Formulierung für dieses dreifaltig-eine Geheimnis gerungen. Und zweifelsohne ist die Geschichte dieses Ringens nicht zu Ende. Es wurden aber zwei Fehlinterpretationen an den Grenzen der Rechtgläubigkeit abgelehnt. Die eine ist der Tritheismus: Die göttliche Dreiheit besteht nämlich nicht aus drei freien Personen (»frei« und »Person« im modernen Verständnis), die zusammen die Erschaffung der Welt und nochmals ihre Erlösung und Vollendung beschlossen hätten. Die Übersetzung der griechischen Konzilsformulierung: »hypostasis« mit dem lateinischen Wort »persona« kann so etwas nahelegen. In der Frömmigkeitsgeschichte hat sich der Irrtum im weit verbreiteten »consilium trinitatis«, in der »Beratung der drei göttlichen Personen«, niedergeschlagen. Auch noch Ignatius von Loyola erwähnt sie im Exerzitienbuch (Nr.

102). Auf der anderen Seite steht der Modalismus, als bestehe die göttliche Dreiheit nur in dem dreifachen Bezug nach außen, der sich in Schöpfung, Erlösung und Vollendung zeigt; als werde die innere Vollkommenheit Gottes damit nicht berührt. Gerade Theologen, die sich spekulativ mit dem Herz-Geheimnis des Christentums beschäftigen, neigen zu dieser irrtümlichen Vereinfachung des christlichen Glaubens und des biblischen Zeugnisses.

Die komplizierte Zusammenfassung der alten und neuen trinitarischen Theorien im repräsentativen »Lexikon für Theologie und Kirche« (10, 229–258; zur Hauptsache von J. Werbick) zeigt aber, daß Gottes Dreifaltigkeit ein Geheimnis der Liebe ist, mit dem, wie schon oft erwähnt, das rationale und begriffliche Verstandeswissen grundsätzlich durchbrochen und überstiegen wird. Der evangelische Theologe Eberhard Jüngel drückt es daher in einer schönen, bibelnahen Formulierung so aus: Das glaubende Wissen von der göttlichen Dreifaltigkeit ist »der unerläßlich schwierige Ausdruck (dafür), daß Gott lebt, weil Gott als Liebe lebt.«

Es ist nun wiederum erstaunlich, daß gerade Teilhard de Chardin in seinem Ringen um die Einheit der evolutiven Welt im »Punkt Omega«, im »kosmischen Christus«, dem Ziel der Schöpfung, ebenfalls in der »Liebe« das Prinzip eines Eins-Werdens und eines Eins-Seins fand, das den Liebenden ihr Eigensein nicht nimmt, sondern vertieft. In der Einheit der Liebe nämlich werden die Glieder der Einheit, wie schon im Vorangehenden (Kap. 4) gezeigt, in ihrem Selbststand nicht geschwächt oder gar aufgesaugt, sondern in ihrer Eigenexistenz gestärkt. Es handelt sich in dieser Liebes-Einheit weder um ein rechnerisches Aneinanderreihen

72

noch um eine auflösende Verschmelzung, noch um eine materialistische Reduktion auf das Niedrigste und Geringste; es handelt sich um die einzigartige Wirklichkeit, die auch wir Menschen als Liebe erfahren: Teilhard beschreibt dies so: »Die Liebe schließt die Liebenden enger zusammen, ohne sie zu verschmelzen, und die Liebe läßt sie in dieser gegenseitigen Berührung eine Erhöhung finden, die hundertmal mehr als jeder einsame Stolz dazu befähigt, in der Tiefe ihrer selbst die mächtigste und schöpferischste Eigenständigkeit zu wecken.«

Teilhard geht diesem »Prinzip Liebe« konsequent durch viele Seinsschichten hindurch nach – von den atomaren bis zu den gesellschaftlichen; bis zum Punkt Omega, der die Menschheit und den Kosmos in der Liebe des »kosmischen Christus« einen wird. Evolution heißt doch für ihn: dorthin, in der Kraft des kosmischen Christus, unterwegs zu sein. Man kann heute kaum noch verstehen, daß dieser geniale Jesuit von der offiziellen Kirche verdächtigt und sogar verbannt wurde. Erst mit den Dokumenten des II. Vatikanischen Konzils, besonders im Dekret »Gaudium et spes«, wurden wichtige seiner Einsichten aufgegriffen.

Allerdings fand ich nirgendwo bei Teilhard und den Untersuchungen über ihn einen Versuch, von dieser Einsicht zur Liebe, die eint, ohne zu verschmelzen, sondern eint, indem sie die Partner stärkt, auf das göttliche Innenleben weiterzudenken. Teilhards Analysen bleiben »nur« im Verhältnis von Gott und Welt und im Aufbau der Welt stehen. Aber vielleicht würde ein solcher, zu streng geführter Versuch auf Gott selbst hin schon die Grenzen überschreiten, die Gott dem schwachen menschlichen Denkvermögen gesetzt hat. Doch das Stichwort »Liebe« bleibt der beste Weg, sich dem

Geheimnis zu nähern, das uns im Glauben an den dreifaltigen Gott gegeben ist und das doch auch im zwischenmenschlichen Umgang vielfach aufleuchtet.

Das zumindest leuchtet auch im biblischen Sprechen
über Gott auf, »Gott ist die Liebe« (er hat sie also nicht
nur), betont der 1. Johannesbrief, an den sich Eberhard
Jüngel anlehnt: »... und wer in der Liebe bleibt, bleibt
in Gott und Gott in ihm.« Es werden sogar Verste-
henslinien gezogen zwischen der Liebe Gottes im Wirken nach außen, der »ökumenischen« Trinität, zu dem
Innenleben Gottes in seiner Liebe, in seinem Wesen,
zur sogenannten »immanenten« Trinität: Gottes ewiger Sohn und Gottes Geist verknüpfen Gottes Innenleben mit seinem Wirken nach außen. »Die Liebe Gottes
wurde unter uns dadurch offenbart, daß Gott seinen
einzigen Sohn in die Welt gesandt hat, damit wir durch
ihn leben. ... Daran erkennen wir, daß wir in ihm bleiben und er in uns: Er hat uns von seinem Geist gegeben.« Der Geist Gottes bezeugt sowohl unsere, der
Menschen, Einheit mit Gott durch das Zeugnis Jesu
Christi, wie er auch zugleich Gottes Liebe in sich ist,
im ewigen Leben von Gott selbst.

Damit wird aber gleichsam der Kreislauf zwischen dem
Tiefsten, der Wirklichkeit, Gottes Dreifaltigkeit, und
dem schlichten Leben der Menschen in Liebe angedeutet; dazu schreibt wiederum der 1. Johannesbrief:
»Liebe Brüder, wir sollen einander lieben; denn die
Liebe ist aus Gott und jeder der liebt, stammt aus Gott
und erkennt Gott. Wer nicht liebt, hat Gott nicht er-
kannt; denn Gott ist die Liebe.«

Die sublimsten Wahrheiten des Gottes der Offenbarung
finden sich wieder im schlichten Hinweis auf die Liebe,
die im Neuen Testament als das Haupt-Gebot hingestellt wird. Es ist hilfreich zu sehen, wie die Fäden, die

wir bisher zu knüpfen versucht haben, tatsächlich zusammenlaufen in dem einfachen Satz: »Gott ist die Liebe!« – Der Vergleich der Religionen; – der ständige Hinweis auf die höhere Ebene als die des reinen Verstandes; – das ehrfürchtige Staunen darüber, daß Gott je-größer ist als alles, was wir denken können; – das Wagnis des heiligen Paulus mit dem Satz: »Gott sei alles in allem!« – Und jetzt auch die Annäherung an das trinitarische Grundgeheimnis des Glaubens, das die Heilige Schrift sogar ausspricht mit dem Satz: »Gott ist die Liebe!«

Man kann auch von dem anderen Zug des biblischen Zeugnisses her sich dem Geheimnis annähern; von dem, wenigstens oberflächlich gesehen, unterschiedlichen Gebrauch des Wortes »Geist«: – Gott ist Geist; – Geist Gottes; – Geist Jesu Christi; – Geist in den Geistesgaben der Gemeinde; – Geist als Mitte des Menschen. Nur darf man nicht versuchen, dies alles in ein dogmatisches Einheitsschema zu pressen, sondern man sollte die Vielheit der Einheit erahnen: Jeweils ist doch dasselbe gemeint: Gott ist Geist; oder für uns zugänglicher: Gott ist die Liebe.

Aber man sollte auch staunen, wie einfach, wie schlicht, wie mitten im Leben ruhend diese Einsichten sind. Was die gewiß notwendigen theologischen Spekulationen auch ergeben, alles läuft zusammen – Eberhard Jüngel hat recht – in dem Satz: Gott ist die Liebe. Eine Legende erzählt die Umsetzung in unser Leben recht anschaulich und greift damit auf, was gerade die johanneischen Schriften darlegen. Der greise Apostel und Evangelist Johannes soll nämlich in seinem hohen Alter nichts anderes mehr gesagt haben als: »Kindlein, liebet einander!«

Das Stichwort: »Eigentlich nur Fromm-Sein«, das unsere Ausführungen meditativ einleitete, zeigt von neuem seine tiefe Bedeutung. Auch wenn Paulus der Gemeinde die Charismen vorstellt – darunter den Besitz von allen Erkenntnissen und sogar die der betenden Glaubenskraft, die Berge versetzt, oder sich in den Tod dahingibt –, dann überbietet er dies alles mit: »... hätte aber die Liebe nicht, wäre ich nichts.« Dabei meint er recht deutlich die schlichte Liebe zum Nächsten, die den Korinthern anscheinend fehlte. Auch Jesus setzt in einer religionsphänomenologisch erstaunlichen Aussage die Hochform der Gottesliebe gleich mit der schlichten Nächstenliebe; in genauer Übersetzung: »Das zweite (Gebot der Nächstenliebe) ist ihm (dem Gebot der Gottesliebe) gleich.«

Man muß im Auge behalten: Gott besitzt nicht nur Liebe in Überfülle, sondern ist einfachhin substantiell und wesenhaft selbst die Liebe. So aber kann man sich dem Verständnis nähern, daß das schlichte »Fromm-Sein« vor Gott und das Tun der Liebe vom inneren Wesen Gottes, von seiner Mitte her gesehen, zusammenfallen. Beides, »Fromm-Sein« und Liebe-Erweisen, trifft doch Gott in seinem Herzen, trifft die Mitte des dreifaltigen Geheimnisses, die Mitte des göttlichen Lebens. Alle noch so geistreichen Spekulationen über Gottes dreifaltiges Leben müssen letztlich im Dienst der biblischen Botschaft stehen: »Gott ist die Liebe.«

Davon handelt auch die gelungene liturgische Formulierung des Betens: »Im Geist, durch Jesus Christus, zum Vater«; in der Kraft der Liebe, in der Gott selbst in uns lebt; durch Jesus Christus, der als Sohn Gottes dessen Liebe in der Geschichte, in der Schöpfung den Menschen nahebrachte; zum Vater, dem Ursprung alles Lebens, dem Ursprung der Vollendung der Liebe, der doch in seinem Gottsein einfachhin die Liebe ist.

9. Das »*Heute*« der Hingabe Jesu

Diese Blickwendung zum Vater, der Zeiten und Räume übergreift, in sich zusammenfaßt und in seine Liebe einbringt, feiert der Hebräerbrief auf eigene Weise. Die ungewohnte Denk- und Bild-Gestalt seiner Ausführungen, die sich an Riten und Liturgien anlehnt, mag dem Leser von heute Schwierigkeiten bereiten: Das Leben und Sterben Jesu Christi wird schon in den ersten Kapiteln aufgegriffen als Vollendung und Ablösung der alttestamentlichen Tempelopfer durch sein einmaliges Opfer am Kreuz, durch seine Hingabe an Gott, den Vater, die sein ganzes Leben durchzog, und zugleich ausgeweitet auf Kirche und Schöpfung. Was in Israel durch immer neue Opfer Gott vorgestellt wurde, daß die Menschen in ihrer Abhängigkeit von Gott zugleich sündhaft sind, wurde durch Jesu Kreuzesopfer zur einmaligen Tat, die endgültige Versöhnung mit Gott schenkt. Dies wird in immer neuen Bezügen zum Alten Testament und Tempel dem Leser nahegebracht. Überdies wird der Blick auf das »Eschaton« des allumgreifenden Gottes gelenkt, auf die Heimführung der Welt in das »Gott über allem und in allem«, auf die Erlösung der Schöpfung durch Jesus Christus. So werden die Gläubigen mehrmals aufgefordert, sich ihm, diesem Gott, zuzuwenden: »Heute, wenn ihr seine Stimme hört, verhärtet eure Herzen nicht!«

In diesem »Heute« ist die Gestalt, der Weg und das Tun Jesu eingesammelt; er ist es, der »um seines Todesleidens willen mit Herrlichkeit und Ehre gekrönt (wurde); es war nämlich Gottes gnädiger Wille, daß er für alle den Tod erlitt.« In diesem seinem Opfer aber ist Jesus zugleich weltgewordene Ewigkeit Gottes, wie schon zu

Beginn betont wird: »Er ist der Abglanz seiner (Gottes) Herrlichkeit und das Abbild seines Wesens; er trägt das All durch sein machtvolles Wort, hat die Reinigung von den Sünden bewirkt und sich zur Rechten der Majestät in die Höhe gesetzt.«

Was wir in einem zeitlichen und kausalen Nacheinander entwickeln möchten, was Teilhard als die Evolution der Schöpfung auf den Punkt Omega hin analysiert, sieht der Hebräerbrief in einem einzigen Blick auf diese Herrlichkeit Gottes. Er nennt dieses »Heute« in Erinnerung an den siebten Tag des Schöpfungsberichts auch Gottes »Ruhe«. »Bemühen wir uns also, in jenes Land der Ruhe zu kommen, damit niemand aufgrund des gleichen Ungehorsams (wie Israel in der Wüste) zu Fall kommt.« All seine Ermahnungen sieht der Brief im Opfer- und zugleich Priester-Sein Jesu Christi vereint. Es ist das Tor zu diesem Heiligtum der »Ruhe«. Das zeitüberspannende »Heute« hat hier seine Mitte. Dort hat sich Jesus selbst »Kraft ewigen Geistes Gott als makelloses Opfer dargebracht«. In dieser Gehorsams-Tat vor dem Vater, in der Selbsthingabe seines Todes zeigt sich Jesus, der die Opfergabe im Sterben am Kreuz ist, zugleich als Priester, der das Opfer darbringt. Er, der »das All durch sein machtvolles Wort« trägt, hat die Schöpfung und uns mit hineingenommen und dem Vater als Gabe dargebracht. »Und darum ist er der Mittler des Neuen Bundes; sein Tod hat die Erlösung von den im ersten Bund begangenen Übertretungen bewirkt.«

Die Ausführungen des Hebräerbriefs stützen sich aber auf das irdisch greifbare Geschehen des Todes Jesu. Darin zeigt sich das ewige, zeit- und raum-überspannende »Heute«, die »Ruhe« Gottes wird in die Gegenwart der Welt eingebracht. Leben, Kreuz, Auferstehung,

Himmelfahrt und Vollendung Jesu klingen im Hebräerbrief ineins und umgreifen das Weltgeschehen. Was Jesu Wesen ausmacht, Gott und Mensch in einer Person zu sein, zeigt sich in seinem Opfergehorsam als Eröffnung des Tores zum »Heute« der Ewigkeit Gottes. So heißt es in feierlichen, liturgischen Worten: »Denn das Blut von Stieren und Böcken kann unmöglich Sünden wegnehmen. Darum spricht Christus bei seinem Eintritt in die Welt: Schlacht- und Speiseopfer hast du nicht gefordert; doch einen Leib hast du mir geschaffen; an Brand- und Sündopfern hast du kein Gefallen. Darum sagte ich: Ja, ich komme – so steht über mich in der Schriftrolle –, um deinen Willen, Gott, zu tun.« Die Parallelen zum Ritus des Alten Testaments, zum Tempel, zum Vorhang, zu den Opfergaben dienen dem Hebräerbrief dazu, die Einmaligkeit und unüberbietbare Vollendung dessen zu zeigen, was Jesus in seinem Gehorsam vor dem Vater für die Menschen tat. Das Geschehen des Alten Testaments stellt nur Wegmarken auf der Straße dar, die Gott sein Volk führte bis hin zur Vollendung des Weges in Jesus Christus, dem Alpha und dem Omega der Pläne Gottes.

Die Mitte und das Ziel, nach dem alles zu beurteilen ist, aber bleibt das Gehorsams-Opfer Jesu. Er führt als Priester in die übergeschichtliche Gegenwart dieses »Heute«, in die über allem lebende, kraftvolle »Ruhe« Gottes hinein und ist als Opfer im Gehorsam vor Gott zugleich die endgültige Versöhnung von Gottes Schöpfung mit Gott, dem Schöpfer: Jesus selbst als einmaliger Priester und als einmalige Versöhnungsgabe vor Gott.

Dieses »Heute« aber wird in jeder Eucharistiefeier nicht nur in Erinnerung gerufen, sondern ist dort lebendige Gegenwart. So trug Jesus selbst beim Letzten

Abendmahl nach Lukas den Jüngern auf: »Tut dies zu meinem Gedächtnis!«

Paulus beruft sich im 1. Korintherbrief daher ausdrücklich auf die erlebte Gegenwart-Setzung des einmaligen Opfers Jesu in jeder Abendmahlfeier: »Sooft ihr von diesem Brot eßt und aus dem Kelch trinkt, kündet ihr den Tod des Herrn, bis er kommt.« Er knüpft daran nicht nur den Hinweis auf das Eschaton, auf Gottes endgültiges Gericht, sondern auch seine Ermahnungen zur Einheit: »Denn wer davon ißt und trinkt, ohne zu bedenken, daß er den Leib des Herrn ißt, der zieht sich das Gericht zu, indem er ißt und trinkt.« Es geht ja um die Einheit in Gott, um seine »Ruhe«, sein »Heute«, in das Jesus eintrat durch seinen Gehorsam bis zum letzten und wohinein er uns mitnehmen möchte.

Alle Abendmahlsberichte der Evangelien sind von diesem Ernst geprägt, daß hier das endgültige Mahl im »Heute«, in der »Ruhe« Gottes gefeiert wird, wohinein der Opfertod Jesu führt; daß also sein (historisch letztes) »Mahl seine Erfüllung findet im Reich Gottes«, in Gottes »Ruhe«. Jede Eucharistiefeier lebt in dieser Spannung vom Abendmahlgeschehen vor dem Tode Jesu am Kreuz bis zu dessen Vollendung im »Heute« der Ewigkeit Gottes. Das Lebensgebet Jesu, das ihn als Sohn des Vaters prägt, wird hier sichtbar, lebendig.

Man muß die Riten des israelitischen Paschaopfers vor Augen haben mit den immer neuen Opfergaben von Lämmern auf dem Altar im Tempel. Das eine »Lamm Gottes«, auf das Johannes der Täufer mit Jesaia schon hinweist, trägt diese vielen Opfer und vollendet sie im Opfer am Altar des Kreuzes. Deshalb verschiebt der Evangelist Johannes in einer kühnen Geste sogar den historischen Opfertod Jesu auf den Termin, an dem im Tempel die Opfer-Lämmer geschlachtet wurden und den Jesus historisch gesehen am Abend vor seinem Tod im Abendmahlssaal feierte. Johannes weist zugleich mit Schriftworten aus dem Alten Testament ausdrücklich auf die rituelle Übereinstimmung der vergangenen vielen Pascha-Opfer mit der Vollendung im neuen einmaligen Kreuzes-Opfer hin: »Man soll ihm kein Gebein zerbrechen« (wie bei den Opfer-Lämmern im Tempel). »Sie werden auf den hinblicken, den sie durchbohrt haben.« Im Opfertod Jesu, des »Lammes Gottes« am Kreuz, vollenden sich die vielen Opfer des Alten Bundes. In der »Offenbarung des Johannes« wird dieses einmalige Opferlamm am Kreuze von den Heiligen der ewigen Herrlichkeit angebetet und gefeiert.

Die Gestalt des Melchisedech, der nicht, wie das alte Gesetz es fordert, aufgrund leiblicher Abstammung Priester geworden ist, sondern durch die Kraft »unzerstörbaren Lebens«, weist vielleicht nicht nur auf das einmalig Neue des Priestertums Jesu hin, sondern sogar auch darauf, daß in Jesu Opfertod am Kreuz all die anderen Opfer, mit denen Menschen seit jeher vor Gott oder die Götter traten, aufgehoben und vollendet sind. Jesus nämlich hat »durch ein einziges Opfer die, die geheiligt werden, für immer zur Vollendung geführt. Dies bezeugt auch der Heilige Geist.«

Im Zusammenklang dieser vielen Bezüge lebt jede christliche Feier der Eucharistie. Paulus setzt sie doch ins Zentrum des 1. Korintherbriefs und beruft sich dazu ausdrücklich auf den Auftrag Jesu: »Denn ich habe vom Herrn empfangen, was auch ich dann überliefert habe.« Und daran knüpfte er die Mahnung zur Einheit, die er besonders in der Lehre von der Einheit der vielen Geistesgaben entwickelt. Die Eucharistiefeier ist daher ein Beten (ist das Beten überhaupt!), das den christlichen Glauben in seiner Mitte, in der Hingabe Jesu an den Vater mitvollzieht; rückblickend auf Jesu Opfertod und in Hoffnung vorblickend auf seine endgültige Wiederkunft und unser aller Heimkehr zum Vater im ewigen »Heute«. In diese Gegenwart aber führt die Mahnung des Paulus: zu dem »anderen Weg, der alles übersteigt«, den Weg der Liebe.

Es ist daher tragisch, daß gerade im Verständnis der Eucharistie sich der Konflikt zwischen den beiden großen christlichen Konfessionen niedergeschlagen hat. Das nicht nur rückblickende, sondern gegenwärtige eucharistische Beten um Einheit aber könnte einen Weg zur Versöhnung bahnen:

In der Eucharistie lebt doch vor allem das Opfer-Gebet Jesu und das seiner Gemeinde, die er mit dem Kreuzesopfer gestiftet hat. Jesus hat dort, ganzheitlich gehorsam vor dem Willen des Vaters, sich hingegeben in den grausamen Opfertod. In dieser restlosen Hingabe an Gott den Vater hat er nicht nur die Riten Israels, sondern all die Opfer der vielen Religionen abgelöst und erhöht zu dem einen und endgültigen Opfer. Das ist Gipfel und Bestätigung seines Lebens. Das ist Jesu Lebens-Gebet.

Diese betende Hingabe klingt schon an in der Antwort des Zwölfjährigen an seine Eltern, die in Angst waren. Jesus antwortet: »... daß ich in dem sein muß, was meinem Vater gehört.« Dies leuchtet großartig auf in seinem und unserem Vater-unser-Gebet: »Dein Wille geschehe.« Und sie vollendet sich im Kreuzestod, wie doch Lukas den Todesschrei Jesu versteht: »Vater, in deine Hände lege ich meinen Geist«, opfere ich mich in Ganzheit meines Lebens dir auf.

Dieses sich opfernde Grundgebet vollzog Jesus in der Feier des Abendmahls brüderlich-liturgisch. Er gab seinen Jüngern mit dem Brot und dem Wein Anteil daran.

Jede Feier der Eucharistie will sich vor allem einschwingen in dieses Beten Jesu. Sie ist nicht nur ein mentales Sich-daran-Erinnern, sondern setzt das in reale Gegenwart, was damals im Abendmahlssaal, das Kreuz vorausnehmend, geschah. Es ist darin zugleich erinnernde Gegenwart-Setzung des ganzen Daseins Jesu, das er betend im Gehorsam vor dem Vater lebte. Es ist zugleich Gottes »Heute«, das in Jesus sichtbar wurde und am Kreuz sich vollendete. Im ganzheitlichen Gebet der Eucharistie bekommt es zeitübergreifende Gegenwart.

So ist es doch eine typisch katholische, rationale Engführung, wenn in die Mitte des Verständnisses von der Eucharistie die dogmatische Frage nach der Realpräsenz steht: Ist er drinnen, im Brot, im Wein? Wie kapriziös die Frage werden kann, zeigt schon die Überlegung: Nur im Brot? Oder erst in beiden Gestalten? Als Ein- oder Zweiheit? Breiter und ganzheitlich verstanden aber ist es vor allem Jesus in seinem und der Gemeinde ganzmenschlichen Opfergebet, in das uns die Eucharistiefeier hineinnimmt. Dem evangelischen Verständnis droht die Gefahr, daß das eucharistische Geschehen losgelöst wird vom Opfer, von der realen Opferhingabe Jesu, die er beim Abendmahl in der Nacht vor dem Kreuz lebte: Jesus vollendete die vielen Opfer Israels und feierte liturgisch im Kreis seiner Jünger seinen Gehorsam am Kreuze. Dies auf ein Liebesmahl der Gemeinde im Andenken an Jesus zu reduzieren, vernachlässigt das Opfergeschehen in der Härte des Kreuzestodes.

Die Eucharistie-Feier aber ist vor allem ein, nein: es ist das Gebet, das mit Jesus, dem Ganzopfer am Kreuz, den Blick auf das »Heute« der Vollendung beim Vater lenkt und uns alle hineinnehmen möchte in diese betende

Blickwendung, weg vom Egoismus der Welt, hin zu der Liebe Gottes.

Ein Verständnis der Eucharistie als Gebet, als Hingabe an Gott, als Opfer mit Jesus führt zum vertieften Verständnis der Eucharistie. Das »Heute« der Hingabe Jesu an den Vater umgreift die Ganzheit im eucharistischen Geschehen. Was im »Heute« der Hingabe Jesu an Gott gefeiert wird, ist Gegenwart im eucharistischen Geschehen.

Auf dieses Lebensgebet im Gehorsam, was sich im Opfer am Kreuz vollendete, und nicht auf juristische Abgrenzungen weist Jesus besonders auch in der Brot-Rede bei Johannes hin. »Ich bin das lebendige Brot, das vom Himmel herabgekommen ist. Wer von diesem Brot ißt, wird in Ewigkeit leben. Das Brot, das ich euch geben werde, ist mein Fleisch für das Leben der Welt.« Dieses Brot aber ist der Wille des Vaters, den Jesus betend (!) erfüllt. So wie Jesus in der gleichen Rede es beschreibt: »Ich bin nicht vom Himmel herabgekommen, um meinen Willen zu tun, sondern den Willen des Vaters, der mich gesandt hat. Es ist aber der Wille dessen, der mich gesandt hat, daß ich keinen von denen, die er mir gegeben hat, zugrunde gehen lasse, sondern daß ich sie auferwecke am letzten Tag.« Wiederum werden die beiden Grunddaten des Ganzopfers Jesu erwähnt: die Gemeinde, für die er starb, und das Eschaton, an dem alles offenbar werden wird.

Es ist für unser Denken nicht einfach, immer neu sich in die Tiefen der Botschaft Jesu von dem einen Lebensbrot hinein zu versenken. Verstanden aber auf dem Hintergrund des Hebräerbriefs und des Johannes-Evangeliums muß Eucharistie vor allem dieses Gebet Jesu sein, mit dem er sich hingibt in den Willen des Vaters. Der einfache glaubend-betende Blick auf Jesus umgreift all die Bezüge der Wahrheit, die der Verstand in der Botschaft des Neuen Testaments findet.

Ein solches vertieftes Verständnis der Eucharistie als Lebensgebet Jesu kann weiterhin nicht nur einen Weg zur Einheit der Konfessionen bahnen, sondern führt vor allem in die Tiefe des Fromm-Seins. Fromm-Sein ist doch immer mehr als nur ein oft genüßliches Ausruhen in der eigenen Mitte. Es öffnet sich stets auf die Ganzhingabe an den Willen des Vaters, wie es Jesus lebte und im Opfertod vollendete. Biblisch gesagt: Das Ruhen in sich selbst öffnet sich zu der »Ruhe«, von der der Hebräerbrief erzählt.

Diese innere Offenheit des Opfergebets kann und muß sich nicht immer in der Breite der Wahrheit bewußt sein. Doch es lebt überall dort, wo jemand als Christ »fromm« ist – bei der schlichten Bäuerin mit dem Rosenkranz wie im feierlichen Amt am Hochaltar der Kirche; aber auch bei denen, die nach der kühnen Theologie Karl Rahners als »anonyme« Christen leben, den Menschen also, die in ihrer Innerlichkeit das vollziehen, was dem Christen in der Botschaft Jesu geschenkt wird: den Überstieg in das Größere des Vertrauens und in einer Hingabe, die weiter ist als jede noch so weite selbstbezogene »Ruhe«. Dies fand doch seine befreiende Wahrheit in dem Überstieg, den Jesus in den Willen des Vaters hinein tat.

In diesem »Je-Größeren« des Willens Gottes aber ist das »Heute« gegenwärtig, zu dem uns der Hebräerbrief auffordert und von dem Paulus weiß, daß darin Gottes »Heute« bei uns Menschen lebt: des Gottes, der »über allem und in allem« ist, der dieser Welt aber seine greifbare Gegenwart schenkt, in dem sich opfernden Lebensgebet Jesu, wie es die jeweilige Eucharistiefeier tagtäglich feiert.

10. Das Wort und die Stille

Die Überlegungen zum »einfach Fromm-Sein« haben sich vielgestaltig und zugleich einfach entfaltet, wenn auch der Schritt zur Ebene des Verständnisses nicht immer einfach ist. Im Erstaunen darüber wird seine Glaubenswahrheit von Gott berührt, der in seinem Eins-Sein zugleich Anfang, Ende und Mitte der vielgestaltigen Schöpfung ist. Der Herr und Sinnträger löst die Vielfalt der Schöpfung aber nicht in »Einheit« auf, sondern bestärkt sie in ihrem vielfältigen Eigensein. Kirchenväter wie Dionysios der Areopagite fanden den Grund für dieses Verhältnis von Eins und Viel in dem zugleich dreifaltigen wie einen und einzigen Gott. Eberhard Jüngel weist mit dem Johannesbrief hin auf den »emotionalen«, zugleich realen Grund für das, was rational nicht einsichtig sein kann: Gott besitzt nicht nur, sondern ist in sich selbst »die Liebe«.

Doch damit deckt Jüngel ein Defizit im theologischen Nachdenken vergangener und gegenwärtiger Zeiten auf, mit dem sich ein Defizit in der Praxis der Frömmigkeit verbindet. Man versucht nämlich mit dem reinen Denken der Theologie das Geheimnis der Dreifaltigkeit diskursiv zu ergreifen, statt es meditierend auszulegen. Man übersieht: Hier muß vor allem ein ehrfürchtiges Erstaunen Platz haben, ein Erstaunen, das in Stille und Schweigen sich vor dem Geheimnis des »je-größeren« Gottes verneigt. Dann erst kann das Nachdenken einsetzen. Auch in der Frömmigkeit werden bedauerlicherweise ehrfürchtige Stille und Schweigen oft überdeckt von Geschäftigkeit und diskursiver Analyse. Es braucht aber die Verinnerlichung in Stille, um der Wahrheit von Gott und Welt zu begegnen. Nach der ostkirchlichen Umschreibung der Meditation »Vom Kopf ins Herz« muß sich die theologische Auseinandersetzung in Wort und Gedanken vor allem im Schweigen wiederum vollenden.

Mit der vor etwa 50 Jahren aufblühenden Meditationsbewegung traten im christlich-abendländischen Glauben die Werte von Stille und Schweigen immer stärker in den Vordergrund auch der Reflexion. Diese aufblühende Meditationsbewegung aber ist eng verbunden mit der Faszination fernöstlicher Religiosität, nach der sich doch die Weltvielfalt in die göttliche Einheit aufzulösen scheint. Wie auch immer man zur philosophischen Frage der Unterschiede von (fern-)östlicher und westlich-christlicher Spiritualität stehen mag – Teilhard de Chardin betonte gerade auf der Suche nach der Einheit von Gott und Welt den Unterschied –, die Aufgabe für das Verständnis von »Fromm-Sein«, von Glaubensinnerlichkeit bleibt bestehen: Was hat die östliche Erfahrung von Stille und Schweigen der christlichen Frömmigkeit zu sagen? Wir zeigten, daß selbst biblische Fachleute beider Konfessionen das paulinische Wort von »Gott alles in allem« umfälschten zu »Gott, Herr über allem und in allem«, – wohl nur um den Verdacht auf fern-östlichen Pantheismus, vom endgültigen Zusammenfall von Gott und Welt, zu vermeiden.

Zuerst ist zu sehen, daß in der Bibel tatsächlich ein ausdrückliches Gebet von Stille und Schweigen kaum zu finden ist. Wenn Gott schweigt, verbindet sich im Alten Testament damit meist eine Droh-Gebärde und Angst-Erfahrung; denn Gott hat sich zurückgezogen von seinem Volk; und man versucht mit immer neuen Worten ihn anzuflehen. Gott ist doch von Grund auf ein Sprechender, der die Welt durch sein machtvolles Wort ins Leben rief, der sein Volk durch sein lebendiges Wort von Mose bis zu den Propheten führt und der neutestamentlich nach dem Johannesevangelium im Wort unter uns sichtbar, hörbar geworden ist. Nur selten wird das Schweigen der Menschen positiv hervorgehoben und nirgendwo als Gebets-Methode beschrieben. Es ist in der staunenden Ehrfurcht verborgen, die vor der Größe Gottes sich zeigt. So in den Mose-Geschichten aus dem Buch Exodus; so in den Schlußvisionen der Geheimen Offenbarung: »Als das Lamm das siebte Siegel öffnete, trat im Himmel eine Stille ein, etwa eine halbe Stunde lang.«

Stille und Schweigen als Gebets-Methode und -Vollzug werden anscheinend nirgendwo herausgestellt, obgleich ein solches Beten auch damals selbstverständlich gewesen sein muß, wie das oftmalige Beten Jesu auf dem Berg zeigt. Man muß daher als Christ dankbar sein, daß in der Begegnung mit den östlichen Religionen das Gebet der Stille immer stärker in den Vordergrund getreten ist.

Am radikalsten zeigt sich die Methodisierung von Schweigen wohl in der Schweige-Meditation, wie sie die Zen-Tradition des japanischen Buddhismus lehrt. Es geht um das, was man auch gegenstandslose Meditation nennt. In der Sitzhaltung, in einer bewußten Atemregulierung kann der Meditierende soweit kommen, daß er alles Gegenständliche von Erkennen oder Wollen oder Emotion übersteigt in reine Stille hinein. Die Frage stellt sich: Erfährt er in dieser Weite und Leere nun die unendliche Weite Gottes? Oder »nur« die Ursprungs-Tiefe des eigenen Bewußtseins?

Überraschenderweise hat sich dazu schon Jan van Ruusbroec (1293–1381) kompetent und klug geäußert. Er ist der mittelalterliche Mystiker, der wegen seines Gedanken- und Erfahrungsreichtums zweifelsohne neben Meister Eckhart (1260–1328) steht und den gerade P. Enomyia Lassalle, der Vorkämpfer der christlichen Zen-Meditation, oftmals als Zeugen einer frühen Art von christlicher Zen-Erfahrung anführt. Ruusbroec ging es wie Eckhart um die »enecheit sonder differencie« mit Gott (Einheit ohne Unterschied). In Auseinandersetzung mit einer Sekte unterscheidet er aber wahre, »übernatürliche Ruhe« in Gott von der falschen. Zur letzteren (Ruusbroec nennt sie »natürlich«) kann der Mensch aus sich selbst alleine kommen, durch »Sitzen« und »Leer-Sein seines Selbst«. Die »übernatürliche Ruhe« hingegen, »die man in Gott besitzt ... ist ein minne-erfülltes Entströmtsein, begleitet von einfältiger Einschau in unbegreiflicher Klarheit«.

Was nur schwer zu formulieren ist, heißt für unser Fragen: Die »übernatürliche Ruhe« ist wie die »natürliche« leer von allen gegenständlichen Vorstellungen und Absichten. Aber darin ist man zugleich ergriffen von dem »je-größeren« Gott, von Gott, der ganz anders ist als alles, was wir Menschen uns vorstellen können; von Gott, der weder durch Denken noch durch Nicht-Denken, der nur von der Liebe berührt wird. Die Ruhe in ihm ist nicht tot, sondern überaus lebendig. Hierzu darf man mit Ruusbroec das Beispiel von Liebenden anführen; die auch alles »Gegenständliche« vergessen und so sehr im anderen »ruhen«, daß nichts mehr, nicht einmal das eigene Selbst, diese Hingabe stört. Die Lyrik dichtet sogar: In dir wird alles wie Nichts. Es ist nicht allzu schwer, in der christlichen Mystik Beispiele einer solchen »ekstatischen Gegenstandslosigkeit« zu finden. Und ich bin überzeugt, daß auch die Einheits- oder gegenstandslose Erfahrung mancher nichtchristlicher Mystiker – mögen sie es auch im pantheistischen Sprachgewand ausdrücken – sich in einer solchen ekstatischen Gegenstandslosigkeit abspielt. Man darf gerade in Anlehnung an Ruusbroec sagen: Es handelt sich um den Unterschied einer toten zur lebendigen Gegenstandslosigkeit, in der alleine Gott lebt.

Es braucht noch manche genaue Phänomenologie und behutsames Hinterfragen, um in diesen Bereichen zu einem gerechten, weiterführenden Urteil zu kommen. Wichtiger für die Praxis des »nur Fromm-Seins« ist aber das meditative Umgehen mit dem Wort und den Worten, was doch vor der christlichen Offenbarung so wichtig wird. Was ist hierbei vom Osten zu lernen? Man muß bedenken, daß die wahre Kontemplation auch im Verharren bei einem sogenannten Gegenstand sinnvoll ist und zu Gott führen kann. Bei Bildern haben wir es längst gelernt, daß dieses schauende Verharren vor einem Bild – statt des diskursiven Analysierens – dieses Bild erst richtig erschließt. Das nennt die Tradition: Kontemplation. Es gibt eine solche Kontemplation auch vor dem Wort. Das Ja, das Amen usw. ist nicht nur Abschluß, sondern oft auch ein Eintreten in den Wert, der bejaht wird. Gedichte, heilige Texte sind in dieser Weise zu »kontemplieren«. Sicherlich ist der klassische Rosenkranz nicht nur ein Kontemplations-Zeitmaß für das sogenannte »Gesätzlein«, für die zu verinnerlichende biblische Wahrheit, sondern schon als Wiederholung eine Kontemplation des Ave-Maria. Das ostkirchliche Herzensgebet zu Jesus ist ein schönes Beispiel für diese Kontemplation. Vielfältige weitere Möglichkeiten sind zu erwähnen.

Vom Osten sind verschiedenste Methoden zu lernen, mit denen die innere Aufmerksamkeit, das Hinhören auf ein Wort, einen Satz, einen Text wie das Hinschauen auf ein Bild oder Sich-Hingeben an einen Menschen vertieft wird. Es sind unterschiedliche Übungen der Stille durch Atmen, durch Gesten, durch Körperhaltung, insbesondere durch das Sitzen auf dem »Ruhe«-Polster des Beckens. Sie meinen zuerst noch nicht die vertiefte Aufmerksamkeit selbst in sich selbst, sondern sind hilfreich und manchmal notwendig zur Intensivierung der Aufmerksamkeit, gleich ob sie vom Yoga oder gar vom Tantra herkommen.

Doch auch das Schweigen in sich selbst kann die Aufmerksamkeit vertiefen. Was im ehrfurchtsvollen Aufblicken auf ein gewaltiges Kunstwerk einen an Stille überkommt, bringt Ruhe und Tiefe. Diese Stille wird doch im Gottesdienst vor der hocherhobenen Hostie regelrecht eingeübt und zugleich vollzogen.

Einer solchen Vertiefung nach innen ins eigene Bewußtsein hinein entspricht die Vertiefung in den Gott, der je-größer, je-herrlicher, je-gütiger ist als all das, was wir festhalten möchten. Die Subjektivität des Menschen in Stille und Schweigen nähert sich der Objektivität von Gottes Unendlichkeit an, die alles, auch die nach Ruusbroec »natürlich« zu erreichende Ruhe oder Gegenstandslosigkeit, übersteigt. Wer aber glaubt, mit einer solchen »natürlichen« Ruhe Gott gleichsam zu »haben«, hat nur sich selbst, nicht aber Gottes Weite; sie bleibt Geheimnis. So ist auch subjektiv die Tiefe der eigenen Erfahrung nicht zu ergründen, sondern übersteigt sich selbst in das Geheimnis der Liebe zu Gott hinein: »Nur das Geheimnis tröstet«, denn es öffnet sich zur Liebe.

Von dorther spricht Gott das Wort – vom ersten Augenblick der Schöpfung an – »Es werde«, bis zur endgültigen Heimholung der Schöpfung am Schluß der Bibel: »Der Geist und die Braut aber sagen: Wer hört, der rufe: Komm!« Wer sich je in große Worte kontemplativ – nicht in diskursiver Hast – vertiefte, hat erfahren, daß in dieser Tiefe der Unterschied zwischen dem wahren Wort und der wahren Stille dahinschmilzt. Es beginnt bei Worten des Dichters, steigt auf zu Worten der Liebe und klingt im Glauben zusammen mit wahrer Stille. In den Abschiedsreden Jesu stehen dafür: Liebe, Wahrheit, Geist oder Einheit. Im meditativ-kontemplativen Umgang damit wird zugleich erlebt, daß Gott »je-größer« ist, größer auch als das, was man mit Wort oder auch mit Stille festhalten will.

Damit nähert man sich der Tiefe, die die Kirchenväter als »Gottesgeburt in der Seele« bezeichnen und die von Eckhart wie auch von Ignatius von Loyola meditiert wurde. Wem der Urgrund der eigenen Innerlichkeit meditativ bewußt wird, dem wird zugleich die Schöpfungstat Gottes bewußt, mit der er der Seele Dasein schenkt. Und dieser Gott ist ein einziger in seinem Wesen und in seinem »Tun«, ist derjenige, der damit im ewigen Dasein seinen ewigen Sohn gebiert. In dieser Erfahrungstiefe können sich die Ewigkeit Gottes und die eigene Existenz in unauflösbarer Einheit begegnen. Angelus Silesius hat in der Tradition Eckharts die bekannten Verse dazu gedichtet. Wir anderen Christen aber sollten wissen: Dieses Grundgeheimnis von Stille zwischen Gott und Mensch ist so tief, daß wir darüber staunen, manchmal auch ahnen dürfen, daß es in unsere Erfahrung hineinreicht. Es ist die »Gegenstandslosigkeit«, die nach Ruusbroec »ekstatisch« heißen kann und die wie reines Leben ist, statt in Todesstille zu fallen. Doch wir müssen uns hüten, mit solchen Erfahrungen in leichtfertigem Reden und Denken oder gar Einüben so umzugehen, als wüßten wir Bescheid. Eine solche Profanisierung würde das Existenzgeheimnis auflösen. Diese »ekstatische Gegenstandslosigkeit« oder auch Einheit mit dem Urgrund Gottes ist nämlich

– bei allem Einüben – stets ein Geschenk von Gott, biblisch gesagt: eine Gnade.

Von hierher sind auch die sogenannten Methoden zur gegenstandslosen Meditation zu beurteilen. Wenn sie von einem Erzwingen-Wollen geprägt sind, geht es nur um die Erfahrung des eigenen Selbst. Wenn sie sich aber im Rahmen des je-größeren Gottes, des Urgeheimnisses von Gott und Mensch bewegen, dann befinden sie sich in dem, was Ruusbroec »übernatürlich« nennt. Erfahrungen wie »Geheimnis«, »Liebeswärme«, »Getragensein vom Anderen« können zur Beurteilung helfen. Eine Sicherheit, ob das eigene Selbst oder Gottes Weite erfahren wird, ist dem eigenen Verstehen nicht gegeben. Der Meditierende muß sich ausliefern an den je-größeren Gott. Darin, im Geheimnis, in der Liebe liegt die Bewegung, die für Ruusbroec entscheidend ist für das »Übernatürliche«. Hier gilt die Grundeinsicht Jesu Christi: »An ihren Früchten werdet ihr sie erkennen«; gemeint sind die Früchte der Liebe zum Nächsten, in der die Gottesliebe sich bewährt. In diesem Rahmen sind die fernöstlichen Methoden zur Gegenstandslosigkeit, zur radikalen Stille in der Meditation großartige Wege zur Begegnung mit Gott.

Ob aber nicht gerade hier deutlich wird, daß mit dem »einfach Fromm-Sein« eben das vor Augen steht, was mit all den weitschweifigen Ausführungen bisher gesagt wurde: die unermeßliche Weite Gottes, die in der »gegenstandslosen« Erfahrung als das Geheimnis der Begegnung mit Gott lebt. Der Mensch erfährt sich in unauflöslicher Einheit mit seinem Schöpfer, mit dem alles Übersteigenden und alles umfassenden Gegenüber Gottes.

11. Religiöse Genialität und hemmende Gemeinschaft

In seinem informativen Buch über »Die Formen des Religiösen in der Gegenwart« (2002) führt Charles Taylor die Untersuchungen der von ihm hochgeschätzten Arbeit von William James über »Die Vielfalt religiöser Erfahrung« (1901/2) in die Gegenwart hinein weiter. Die Einheit von Religion und Gesellschaft ist bei uns wohl endgültig zerbrochen; auch das Zusammenfinden der verschiedenen religiösen Ansätze in gemeinsamen, vielleicht auch staatlich geschützten Grundprinzipien, wie Gewissensfreiheit, Toleranz, Gerechtigkeit, Menschlichkeit, nimmt immer mehr ab, recht verschiedene religiöse oder andere Ansätze treffen aufeinander und müssen immer mehr in sich selbst die Rechtfertigung ihrer Überzeugung suchen und aus sich heraus – nicht nur aus einer umfassenden gemeinsamen Überzeugung – Möglichkeiten ertasten, mit anderen religiösen oder sonstwie geprägten Meinungen zusammenzuleben. Was bei James nur religionspsychologisch-individuell analysiert wurde (darin liegt die bleibende Stärke seiner Arbeit), wird bei Taylor religionssoziologisch ausgebaut und in die immer säkularer, also gleichgültig gegenüber religiösen Überzeugungen werdende Gegenwart hinein weitergeführt.

Von hierher wird auch eine weiterführende Kritik Taylors an James verständlich: Dieser habe nämlich die eigentliche, genial-religiöse Erfahrung ganz und gar vom sozialen Umfeld abgelöst. Eine hübsch formulierte Charakterisierung der Religiosität Teresa von Avilas bei James mag dies dokumentieren: »In der Hauptsache war ihre Vorstellung von Religion offenbar die eines endlosen amourösen Flirts – wenn man das, ohne respektlos zu sein, sagen darf – zwischen dem Gläubigen und Gott.« Die Tradition, die Umwelt und die Gesellschaft blieben dabei außer acht. Dagegen kann nun Taylor zeigen, daß diese Reduzierung des religiösen Genies auf seine ganz persönliche Erfahrung im überwundenen Individualismus vergangener Zeiten hängengeblieben und wissenschaftlich längst überwunden ist. »Schon die Idee einer Erfahrung, die ohne jede Formulierung auskommt, (ist) unmöglich.« Und so steht auch die gesamte Religiosität eines »Genies«, seine innerste Erfahrung im Bezugsnetz von vorgegebener Sprache und vorgegebenen Haltungen, von sakramentalen Riten, Formulierungen, Bildern usw. Die Wendung des späten Wittgenstein zu den »Sprachspielen« kann dazu erwähnt werden.

Die Forschungen von James und Taylor sehen allerdings beide ab von der Wahrheitsfrage, der sich das religiöse »Genie« wie auch die religiöse Gemeinschaft unterordnet. Doch gerade diese abstrahierende Nüchternheit der Autoren führt zu wichtigen Einsichten für eine Gemeinschaft mit religiöser Bindung mit Anspruch auf allgemein-gültige Wahrheit, wie es das Christentum ist. Negativ gesehen stimmt es aber zuerst einfachhin, daß nicht wenige tiefe religiöse Erfahrungen im Christentum erstickt wurden von dessen Anspruch auf Wahrheit, konkret also von dogmatischen, moralischen, juristischen, sozialen oder gar politischen Vorgegebenheiten in Kirche und Gesellschaft. Was wäre doch aus der reformatorischen Erfahrung Martin Luthers geworden, wenn er einen klugen Gesprächspartner in der Großkirche gefunden hätte und allerdings auch selbst gesprächsbereiter gewesen wäre! Das Deutungsschema: religiöses Genie gegenüber einer mißverstehenden Gesellschaft klingt übertrieben, aber bleibt in der Geschichte weithin maßgebend; es kann selbst das Verhältnis Jesu zu seinem angestammten Judentum religionssoziologisch erhellen.

Man braucht gar nicht so weit zurückzublättern in der Geschichte der christlichen Mystik, der religiösen Genies, etwa zu Margarete Porète oder Jeanne d'Arc zur Zeit des Mittelalters, um Beispiele zu finden für solche tragischen Mißverständnisse durch die Kirche. Aus jüngerer Vergangenheit darf man erinnern an Teilhard de Chardin oder an die große Schar bedeutender Theologen, deren erfahrungsgesättigte Auffassungen mit der Enzyklika »Humani Generis« von 1968 verurteilt und sie selbst ins Abseits gestellt wurden. Daß einige von ihnen später mit ihrer Rehabilitation von der Kirche sogar zu Kardinälen ernannt wurden (Y. Congar, H. de Lubac), macht den Konflikt zwischen religiös-intellektueller Genialität und der hemmenden Rolle einer Großgemeinde noch sichtbarer. James zeigt aber dazu mit Recht: Diese konflikträchtige Spannung findet sich in allen religiösen Gemeinschaften und ist irgendwie – bei allem Bedauern – auch von der Sache her bedingt.

Doch auf der anderen Seite muß man auch sehen, daß gerade die eben erwähnten modernen »Genies« in ihrer Treue zur Großgemeinde, von deren traditionellem Glauben sie sich getragen wußten, einen oft zwar mühsamen, aber wichtigen Schritt nach vorwärts in ein zukünftiges, gemeinsames religiöses Bewußtsein zustande brachten. Die meist einseitig zitierte Verurteilung Meister Eckharts von 1329 läßt ahnen, wie die Begegnung von religiöser Genialität und Großgemeinschaft sich wohl abspielen müßte. Nachdem die Bulle von 1329 26 Sätze Eckharts angeführt hat, die falsch seien, betont sie zum Schluß, daß Meister Eckhart selbst »den katholischen Glauben bekennend« sich von diesen Sätzen distanziert habe; dies aber nur, »insoweit sie im Bewußtsein (»mens«) der Gläubigen eine häretische und irrige und dem wahren Glauben feindliche Meinung hervorrufen können«. Meister Eckhart wußte sich also in der Kirche und ihrer großen Tradition zu Hause, hielt zugleich an der Korrektheit seiner Lehre fest; schwor ihr nicht ab, sondern distanzierte sich davon nur, insoweit sie falsch verstanden werden konnte. Wir werden damit in einen »Trialog« (Dreiergespräch) eingeführt.

a) Die kirchliche Behörde, deren Pflicht es ist, das sogenannte Glaubensgut in Reinheit zu bewahren. Dabei allerdings legt sie, wie es jeder Behörde naheliegt, den Akzent auf dogmatisch-rational formulierte und juristisch-exakt umrissene Satzgebilde. Man sollte daraus nicht zu schnell der Kirche einen Vorwurf machen (wie es nicht wenige verständnislos tun), sondern zuerst zu verstehen suchen, daß Entsprechendes doch in der Natur der Sache liegt.

b) Meister Eckhart selbst, der aufgrund von Studium und innerer Erfahrung die wohl gleichen Inhalte wie die Tradition der Kirche in einem tieferen Verständnis und in neuer Sprache auszusagen versucht. Dies war Ausfluß seiner religiösen Genialität, die – ebenfalls von der Sache her – aber auf seiner persönlichen Erfahrung ruhte.

c) Das gläubige Volk, das in seiner Fassungskraft (»Bewußtsein«, mens) die Darlegungen Eckharts – wie er selbst zugibt – leicht mißverstehen konnte. Es brauchte wohl, wie einige Zeitzeugnisse zeigen, eine Art von frommer Elite, um mit den Predigten Eckharts in rechter Weise umzugehen.

Wie weithin bekannt, handelt es sich dabei nämlich

um pantheistisch klingende Sätze, die im heutigen Gespräch mit der fernöstlichen Religiosität neue Bedeutung gewinnen, z.B. zur Nichts-Erfahrung in der Begegnung mit Gott Art. 26: »Alle Geschöpfe sind ein einziges reines Nichts. Ich sage nicht, daß sie nur gering oder nur etwas seien; sondern daß sie ein einziges reines Nichts sind.« Zur Gottesgeburt in der Seele Art. 13: »Was auch immer der göttlichen Natur eigen ist, ist als Ganzes dem gerechten und göttlichen Menschen zu eigen. Deshalb schafft dieser Mensch eben das, was auch immer Gott schafft. Er schuf mit Gott Himmel und Erde; er ist der Erzeuger des ewigen Wortes; und Gott wüßte ohne diesen Menschen nicht, was er zu tun hat.«

Es ist hier nicht der Platz, diese nach dem Latein der Bulle übersetzten Sätze zu kommentieren. Doch es hat sich schon gezeigt, welch tiefen Sinn solche Sätze gerade im christlichen »Fromm-Sein« haben können; es geht ja um Gott, der auch nach Paulus einmal »alles in allem« sein wird (und deshalb in irgendeiner Weise auch schon ist). Wir können versichern, daß eine ganze Schar anerkannter Gelehrter gezeigt hat: Diese Sätze stimmen mit dem christlichen Glauben überein, versuchen aber eine zu wenig bedachte Dimension im Verhältnis von Gott und Mensch bewußt zu machen. Es ist die Dimension der allumfassenden schöpferischen Einheit Gottes, außerhalb der nur Nichts sein kann, weil Gott Alles ist. Was Eckhart vom neuplatonischen Denken her weiterzuentfalten versuchte, entspricht dem, was oben mit der Wirklichkeit der Liebe (in Anlehnung an Teilhard de Chardin) gezeigt wurde. Auch Liebe meint und schafft innigste Einheit, bringt aber keine Verschmelzung, sondern stärkt den Selbstsand der Partner. Gott, der die Liebe ist (und sie nicht nur hat!), erzeugt doch in dieser einzigen Liebe seinen Sohn und erschafft in dieser gleichen einzigen Liebe auch mich, den Menschen.

Auch die Erfahrung der Heiligen vom eigenen »Nichts« vor Gott entspricht tiefer gesehen der Erfahrung der »Erbsünde«. Die fromme Meinung von der Gottesgeburt in der Seele, die doch bei den Kirchenvätern und sogar bei Ignatius (Gott finden in allen Dingen) lebte, beruht auf solchen Glaubenseinsichten: Was immer ein Mensch an Gutem denkt oder tut, darin läßt er Gottes Wirklichkeit aufblühen. Gott lebt doch überall.

Hier nun geht es nicht um Meister Eckhart, sondern grundsätzlich um das Verhältnis der »beharrenden« Kirche zur »neu aufbrechenden« Genialität einer religiösen Erfahrung.

Dazu ist es wichtig, einzusehen, wenn auch zu bedauern und betrüblich, daß entsprechende Konflikte in der Natur der Sache liegen. Aber die christliche Kirche ist kein festgefügter Zementblock und trägt auch ihren Glauben nicht wie einen Basaltstein mit sich, sondern sie ist eine Lebensgemeinschaft, die ihre Mitte hat nicht in formulierten Sätzen, sondern im »lebendigen« Gott, der »je-größer« ist als alles, was Menschen denken und tun. In einer Lebensgemeinschaft aber wird mancher wichtige Fortschritt ausgetragen im Für und Wider der Meinungen.

Wer nur offen in die Geschichte der Kirche schaut, beginnt zu staunen, wie lebendig in ihr das ist, was von außen her leicht als Konflikt beurteilt wird. Vom Zusammenhang unserer Gedanken her aufgezeigt: Andere religiöse Überzeugungen standen vor nicht allzu langer Zeit unter dem Verdikt: »Außerhalb der Kirche kein Heil« – also nur Verdammnis. Doch diese religiösen Überzeugungen wurden vom jetzigen Papst gleich zu

Beginn seines Pontifikats eingeladen zum gemeinsamen Beten vor Gott. Und noch einmal schärfer: Einer der angesehensten, doch oft als ultra-konservativ beurteilten Theologen, H. U. v. Balthasar, schrieb: Wir müssen (nicht nur dürfen!) hoffen (was etwas anderes ist als glauben): Gottes Barmherzigkeit habe sich im Kreuzestod seines Sohnes Jesus Christus als so weit geoffenbart, daß sie auch noch die Schuld der Hölle in Liebe umarmen werde. Damals erhob sich zwar ein Sturm der Konservativen gegen v. Balthasar; doch sie übersahen, daß er sich auf viele große Glaubens-Zeugen stützen konnte und daß selbst der jetzige Kardinal Ratzinger in seiner Eschatologie Ähnliches schrieb.

Es braucht somit bei der »Behörde«, dem kirchlichen Amt, nicht nur ein fundiertes Wissen von der Glaubenstradition, sondern auch eine aufmerksame Beweglichkeit für das, was sich in der Jetzt-Zeit abspielt; und es braucht insbesondere eine Vertiefung des theologischen Wissens, das nicht nur in der Begriffswelt zu Hause ist, sondern tiefer das mit Worten Gemeinte spirituell zu erfassen sucht – so wie es Eckhart mit dem berühmten Satz umschrieben hat: man muß Gott (den der Begriffe) um Gottes willen (des Gottes, der im Geheimnis wohnt und in der Erfahrung erlebt wird) verlassen.

Der zweite Gesprächspartner, den die Religionssoziologie »religiöses Genie« nennt und der eine neue Sicht – aus Erfahrung oder aus Nachdenken – ins Leben der Kirche einbringen will, braucht nicht nur die »hoffende Geduld«, daß Gott in seiner Wahrheit, in der er die Kirche leitet, stärker ist als jede menschliche Beschränktheit. Paulus lenkt den Blick auf diesen Gott und schreibt: »Hoffen wir aber auf das, was wir nicht sehen, dann harren wir aus in Geduld.« Der zweite Gesprächspartner sollte auch in der Gewißheit leben, daß diese Kirche in ihrer manchmal fühlbaren Beschränktheit die Heimat seines Glaubens ist und bleibt. Manche der erwähnten großen christlichen Zeugen waren (sind) in der auf Gott setzenden Geduld, die sie mit der unverständigen Kirche, ihrer Glaubensheimat, hatten, darin vorbildlich.

Der dritte Gesprächspartner aber sind einfachhin die Menschen, die ihr Christentum in dieser Kirche, aber auch in der Jetzt-Zeit, leben möchten; bin also ich, der ich »fromm« sein will. Die »genialen« religiösen Persönlichkeiten der christlichen Geschichte, gleich ob sie sich mehr intellektuell oder mehr emotional äußerten, sollten in vieler Hinsicht Vorbild sein. Man selbst aber mag manchmal verwirrt werden ob der vielen neuen Dinge, die einem im neu formulierten Glaubensvollzug entgegenkommen; oder man stört sich an der starren Verschlossenheit, die kirchliche Behörden dem Neuen entgegenbringen. Doch »Fromm-Sein« heißt in der Mitte doch, den Blick auf Gott lenken, der »je-größer« ist, auch »größer« als die religiösen Genies und auch »größer« als die beharrende Kirche.

In diesem Rahmen aber sollte sich der Fromme, als dritter Gesprächspartner, nach den eigenen Möglichkeiten und auch in eigener Verantwortung mit den verwirrenden Dingen auseinandersetzen und so Gott begegnen. Er darf beruhigt sein: In dieser Verantwortung ist er wahrhaft »fromm« vor Gott. Denn Gott ist doch der Je-Größere, der auch und gerade in seiner Kirche lebt, die den Weg in die Zukunft sucht, in die Zukunft, in der Gott als der »je-größere« lebt.

12. Die Vielfalt des Religiösen und seine eine Mitte

Was Taylor für die religiöse Situation der Zukunft und schon der Gegenwart analysiert, gilt auch – und dies kann für uns noch schwerer wiegen – für den Innenraum der katholischen und christlichen Kirche. Man findet in ihr (ihnen) so viele unterschiedliche Meinungen zum Glauben und auch zur Moral, man findet in ihr so viele Ausdrucksformen dieses christlichen Glaubens in Frömmigkeitsgestaltungen, daß man fragen möchte: Wo bleibt denn da die Einheit des Christentums oder der katholischen Kirche, die man früher einmal in feierlichen Liedern besungen hat und die doch noch immer im liturgischen Credo eine wichtige Stelle einnimmt: »Ich glaube an die eine, heilige, katholische und apostolische Kirche.« Glaubt der, der sich auf dem Standesamt als katholisch, christlich ausgibt, der neben mir wohnt und vielleicht sogar in der Kirche neben mir kniet, wirklich dasselbe wie ich? Ist der, der im Glaubensvollzug so desinteressiert, so lau erscheint, wirklich weniger gläubig als ich auf meinem gewohnten sonntäglichen Kirchgang? Eltern erleben es schmerzhaft an ihren Kindern, Lehrer an ihren Schülern, vielleicht auch Ehepartner miteinander, daß sich mitten im Glauben Klüfte aufzutun scheinen. Man muß meist gar nicht von Glauben gegen Unglauben sprechen; es gibt so viele Differenzierungen, die inmitten des einen Glaubens sichtbar werden.

Wiederum: Wir (ich) werden hierzu keine fertige Antwort mit entweder-oder anbieten können. Wir sollten es zuerst einfachhin wahrnehmen und, ehe man an Antwort denkt, wissen, daß eine ähnliche Vielfalt innerhalb des einen Glaubens immer existierte. Das zeigt sich schon auf dem Apostelkonzil kurz nach Jesu Tod und Auferstehung. Auch damals ging es, wie die Paulusbriefe zeigen, ganz und gar nicht um Nebensächlichkeiten, sondern um die Glaubensmitte.

Und dann sollten wir uns sogar freuen an der Vielfalt des Glaubens und eben auch des »Fromm-Seins«. Man muß nicht in ferne Lande reisen zu fremden Gebetsformen, um dieser Vielfalt zu begegnen. Schon die Heiligenverehrung – je nach Volk, nach Temperament, nach Tradition, nach persönlichem »Geschmack« – bietet ein sprechendes Beispiel. In der Marienverehrung findet dies eine leuchtende, aber für nicht wenige verwirrende Überhöhung. Maria oder Jesus lautet die natürlich falsche Entgegensetzung; aber für manch einen wurde die Begegnung mit einer intensiven Marienfrömmigkeit zu einem schockierenden Erlebnis. Der Marien-Fromme wurde für ihn fast zum Ungläubigen, zum Polytheisten. Doch auch auf Jesus selbst kann die Frömmigkeit viele unterschiedliche Blicke werfen: Kindheit, Predigt, Wunder, Kreuz, Herrlichkeit, Eucharistie, Kirche als Leib Christi, Gottesgeburt ganz persönlich im Herzen. Wer ist mir Jesus?

Um solche Frömmigkeitsformen herum, die von außen her gesehen sich auszuschließen scheinen, bilden sich dann gesellschaftliche, ordensähnliche Gruppierungen, in denen ganz nach Taylors Analyse eine bestimmte religiöse Haltung fast exklusiv gepflegt wird.

Solche Erscheinungsformen des heutigen Christentums gründen nicht nur in äußerlichen Gebräuchen und Riten, sondern reichen tief hinein ins Innerste des Glaubens. Es gibt die stille Zurückgezogenheit und den ekstatischen Jubel als Gestalt des »Fromm-Seins«. Es gibt das skeptische Fragen des Wissenschaftlers wie die bedingungslose Hingabe an die kirchliche Lehre; beides aber kann Glauben und echtes Fromm-Sein ausdrücken. In mancher »Geist«-Verehrung der charismatischen Bewegung vermuten einige ein irriges Gottesbild, das die Einheit des trinitarischen Gottes aufspaltet in drei isolierte »Personen«; das wäre im Extremfall tatsächlich »häretisch« und scheint in manchen Äußerungen sich auch dem Irrtum zu nähern. Ähnliches vermuten manche Beobachter bei einem übertriebenen Marienkult, als sei er nicht mehr voll christlich und mache aus Maria einen Neben-Gott.

Die Differenzen von konservativ und progressiv oder gläubig und liberal werden von nicht wenigen – die Publikationsorgane zeigen es – so sehr auf die Spitze getrieben, daß man darin sogar eine Kirchenspaltung sich anbahnen sieht. Der Einheitsblock Kirche, der sich einmal im sonntäglichen Kirchgang zu manifestieren schien, ist längst zu einer bunten Wiese geworden mit allen Möglichkeiten, nach dieser oder jener Seite aus der kirchlichen Einheit auszubrechen oder wie bei einem ruhigen Spaziergang aus ihr hinauszugehen.

Als Gegenbild kann der Islam hingestellt werden mit seinem Ein-Gott-Glauben, dem so klaren Bekenntnis und den eindeutigen Glaubenspflichten. Ich habe Gespräche mit mehreren Konvertiten aus dem Christentum zum Islam gehört, die einfachhin sagen: Wir suchten eine wirkliche Religion und keinen Krämerladen. Bei all dem Schlimmen, was islamitische Terroristen vollbrachten, sollte es uns dennoch Bewunderung und Ehrfurcht abfordern, wenn die Frauen im modernen Stadttrubel ihr Kopftuch tragen, wenn die Männer inmitten einer harten Arbeit ihr rigoroses, religiöses Fasten ausüben. Das ist ein Ausdruck des Glaubens an Allah, den einen und einzigen Gott. Darin lau zu werden, käme einem Abfall von diesem Bekenntnis gleich. Doch wie auch all das zu beurteilen ist, als Christ darf man zuerst einmal dankbar sein, daß uns in dem einen Glauben eine solche Fülle der Möglichkeiten von Frömmigkeit angeboten wird. Es ist wie das eine Licht, das sich im Wasser des Lebens vielfach spiegelt. Religionssoziologen stellen diese Vielfalt im christlichen Vollzug als typisch katholisch hin. Wir erwähnten schon, daß einige Kirchenväter in der Dreiheit des Einen Gottes den Grund fanden für diese kaum entwirrbare Buntheit des christlichen »Fromm-Seins«, worin das eine »Fromm-Sein« zum Ausdruck kommt.

Man darf eine Stufe tiefer graben und dabei auf Gottes Je-größer-Sein schauen: Und so kann man fragen, ob derjenige, der von Gottes Übergröße so sehr gefangengenommen wird, daß er nicht einmal mehr das DU ihm zu sagen wagt, nicht doch vielleicht näher bei dem wahren Gott steht als der andere, der mit Gottes DU so leichtfertig plaudert wie mit dem Kumpel von nebenan. Der Reichtum von Gestaltungen des »Fromm-Seins«, den man im christlichen Glauben findet, scheint die Grenzen des organisierten Christentums zu sprengen. Wenn Friedrich Heiler meinte, es gebe so viele Auffassungen von Mystik, wie es Mystiker gibt, so gilt Ähnliches und noch mehr für die Vielfalt von Frömmigkeit im Christentum. Wie nahe stehen sich doch »Frömmigkeit« und wahre »Mystik«!

Doch noch einmal: Ehe man mathematisch gezogene, begriffliche Grenzen zwischen nicht-mehr-rechtgläubig und rechtgläubig zieht, muß man den Reichtum der Gestaltwerdung der christlichen Botschaft bewundern. Diese Fülle war und muß stets ein Zeichen für die überquellende Katholizität des Glaubens bleiben.

Dann erst darf die nächste Frage nach der Einheit dieses Reichtums gestellt werden. Und hier ist wiederum zuerst auf die übersteigende Fülle Gottes hinzuweisen, der doch »je-größer« ist als alles, was der Mensch mit logischen Begriffen und juristischen Umgrenzungen festlegen möchte. Durch seine Menschwerdung hat Gott sich seine je-größere Wahrheit nicht eingeschränkt, sondern sichtbar gemacht in der Liebe Jesu Christi, die bis zum Tod am Kreuze reicht. In einer so häufig gepflegten Form der Frömmigkeit, die »Gott in allen Dingen finden« will, drückt sich etwas von der Grenzen sprengenden Kraft des »je-größeren« Gottes in Jesus Christus aus. Typisch dafür ist es doch, daß Ignatius von Loyola eben diese grenzenlos scheinende Frömmigkeit in seiner Gipfel-Meditation der Exerzitien einüben läßt, nachdem er vorher vier Wochen lang die historische Gestalt Jesu Christi in die Mitte des Betens gestellt hat.

Und jetzt erst, nachdem die Innerlichkeit des christlichen »Fromm-Seins« in ihrer Weite bedacht ist, stellt sich die Frage nach deren konkreter Gestaltung. Das stellt auch die Frage nach der konkreten Gestalt der christlichen Kirche. Wie sehr auch dies mit der Besinnung auf den »je-größeren« Gott gleichläuft, zeigt heute das erstaunliche Anwachsen des ökumenischen Bewußtseins, dem die Trennungsmauern zwischen den großen (orthodox, evangelisch, katholisch) und auch kleineren Kirchen des Christentums nicht so unüberwindbar scheinen, wie sie noch vor kurzer Zeit waren und es offiziell eingeschärft wurde. Man findet sich in dem gemeinsamen Glauben an diesen Gott und seinen Jesus Christus.

Paulus, dessen geniale Religiosität sich mit dem klugen Verstand für die Alltagsprobleme verband und in der Erfahrung Jesu Christi ihre Mitte hatte, gibt im ersten

Korintherbrief nicht nur Hilfe zum Verständnis der Vielheit in Einheit, sondern beschreibt deren innere Struktur. Es geht um die vielen »Geistes«-Gaben. Paulus zählt auf der Basis des damaligen christlichen Bewußtseins einige auf: Prophetisches und Zungen-Reden, apostolische Predigt, Weisheitskenntnis, Heilungsgabe, Wunderwirken, Glaube, der Berge versetzt, Martyrium. Er beendet dies mit: »... habe aber die Liebe nicht, so bin ich nichts!« Liebe aber meint für ihn deutlich das einende Band der gegenseitigen Nächstenliebe. Verstehende Liebe also formt die Einheit in der vielfältigen Gestalt des christlichen Lebens. Sie ist somit Kern des »Fromm-Seins«. Paulus demonstriert dies mit dem Bild der vielen Glieder des einen Körpers, der von einem »Geist« beseelt wird. Er geht noch weiter und kommt auf das Abendmahl, die Eucharistie zu sprechen. Bei ihrer Feier wurde anscheinend die Unterschiedlichkeit der Geistesgaben schmerzlich sichtbar. Doch Paulus weiß: Gerade das Abendmahl ist der Vollzug und das Sichtbarwerden der christlichen Einheit in aller Vielheit. Es geht um den einen Leib und das Blut des Herrn.

Man sollte innehalten und erspüren, wie hier Grundaussagen des christlichen Glaubens zusammenklingen: Der je-größere Gott, den kein Denken und auch kein Erfahren einholen kann, der aber Ziel und Form des christlichen Glaubens ist. Die Gestalt Jesu Christi, der als endgültiges »Opferlamm« sich und mit sich auch uns, seine Schwestern und Brüder, diesem Gott darbrachte. Und der Geist, in dessen Wirkungen das Tun Jesu Christi weitergegeben wird und der die Vielheit der Christen zusammenfügt zur Einheit des Glaubens der Kirche. Dies aber wird insbesondere in der Feier des Abendmahls, dem »Heute« der Hingabe Jesu, sichtbar.

Daß auch wir heute – wie damals in Korinth – zerstritten sind und daß unsere christliche Vielfalt (noch?) nicht zur Einheit gefunden hat, ist allzu deutlich. Und so möge ein anderer Zug der christlichen Überlieferung das Gesagte noch einmal unterstreichen und – nach dem sakramentalen, eucharistischen Weg der Liebe – sich das gleiche an dem anderen Pfeiler zeigen, am Zeugnis der Bibel von Gott.

Die Bücher, die von Christen Heilige Schrift genannt werden, haben eine ähnliche Bedeutung wie der Koran im Islam. Für den Christen aber verbindet sie sich überdies mit dem Glauben an das göttliche Wort, das Fleisch und sogar »Buch« geworden ist, ein Faktor, der wohl im Gespräch mit dem Islam zu wenig beachtet wird. Aber gerade diese christliche Bibel ist in ihrer Einheit und Glaubwürdigkeit für manch einen erschüttert worden durch die moderne Wissenschaft. Paradigmatisch steht dafür Rudolf Bultmanns Entmythologisierung. Wir haben sie im Laufe der Meditationen gelegentlich positiv dargestellt; etwa mit dem Hinweis auf den Verzweiflungsschrei Jesu, der vom Evangelisten Lukas und besonders von Johannes umgedeutet, aber doch dem sterbenden Jesus in den Mund gelegt wird. Die Frage: Welches der biblischen Zeugnisse ist historisch korrekt, geht aber an dem von der Bibel Gemeinten vorbei? Manche Jesus-Worte stammen nicht vom historischen Jesus von Nazaret. Doch sie alle schauen in je verschiedener und tieferer Sinnerfassung auf Jesus. Inspiration der Heiligen Schrift heißt nicht: historisch wörtlich, sondern hinführend auf den einen Herrn Jesus.

Noch deutlicher wird das Problem mit dem Kanon der biblischen Bücher. Ist das Johannes-Evangelium wirklich von Johannes geschrieben? Gibt es innerhalb der sogenannten Synoptiker (Mt, Mk, Lk) nicht eine ursprünglichere Überlieferung, die Q genannte Urschrift? Manche »Paulusbriefe« stammen sicher nicht von Paulus. Für das Alte Testament häufen sich entsprechende Fragen. Der sogenannte Kanon der Heiligen Schrift scheint eine willkürliche Zusammenstellung verschiedener Bücher zu sein.

Professor Heinrich Schlier, ein wissenschaftlich eng mit Bultmann verbundener Forscher, aber fragte weiter: Wer garantiert mir, daß das im zum Teil unhistorischen Johannes-Evangelium mit all seinen Zügen Gottes Wort lebt und nicht falsche Aussagen enthalten sind, wie ein anderer Bultmannschüler zu sagen scheint. Schlier antwortete: Die Kirche gibt uns den Kanon der Hl. Schriften in die Hand und garantiert damit dessen innere Inspiration. Deshalb trat er in die katholische Kirche ein, die ihm allein Hüter der Heiligen Schrift war. Bibel und kirchliches Lehramt gehören enger zusammen, als man auf den ersten Blick vermutet; sie sind vom gleichen Heiligen Geist geleitet.

Die Wahrheiten von Gott klingen zusammen. Man kann Ähnliches wie zur Eucharistie, dem »Heute« der betenden Opferhingabe Jesu an den Vater, auch von der Taufe zeigen. Die Festlegung auf die Siebenzahl der Sakramente geschah erst nach über tausend Jahren christlicher Verkündigung. Wiederum lautet die Frage: In wessen Autorität? Historisch ist es die der Kirche. Die Frage, inwieweit Gottes Autorität dahintersteht, verweist uns in moderne Diskussionen: Priesterweihe? Bischöfliche Amtsnachfolge? Priestertum der Frau? Zentralgewalt im Papsttum? usw. Es ist hier nicht der Platz, all dem nachzugehen. Aber man kann über die Wahrheit des christlichen Glaubens nach dem Zeugnis der biblischen Schriften nicht ohne Bezug auf das Zeugnis der 2000 Jahre alten Kirche nachsinnen.

Doch all das steht im Raum des je-größeren Gottes und seiner je-unbegreiflicheren Wahrheit. Bei aller Dringlichkeit der Fragen dürfen wir die Antworten oder auch die Weiterführung der Fragen letztlich ihm, dem je-größeren Gott, überlassen. Er lenkt durch seinen Geist die geschichtsmächtige Weitergabe seiner Wahrheit durch die Zeit der Kirche.

Was aber die notwendige Diskussion darüber anbetrifft, sind wir berechtigt zu erforschen: Hat das Suchen der Diskutanten nach Wahrheit nun wirklich die Wurzel in dem, was hier einfachhin »Fromm-Sein« genannt wurde, oder offenbart es einen anderen Geist? Geschieht es in dem von Paulus beschworenen Geist der Liebe? Sowenig wie wir Richter sind über die innere Frömmigkeit eines anderen Menschen, so sehr dürfen wir feststellen: In diesem »Fromm-Sein«, in dieser liebenden Aufmerksamkeit kommt die schlichte Bäuerin vor dem Marienbild mit dem grübelnden Wissenschaftler oder auch dem geistig kämpfenden Kirchenpolitiker überein: Es geht um die ganz persönliche Haltung vor dem »je-größeren Gott«, der in »Jesus Christus« zu uns gesprochen hat und uns »seinen Geist« schenkt, der »in alle Wahrheit einführt«. Die drei Säulen des christlichen Glaubens, die im schlichten »Fromm-Sein« leben: Gott, sein Sohn Jesus, Jesu Geist der Liebesgemeinschaft, den er uns schenkt, stützen sich gegenseitig in der Diskussion, in dem »Fromm-Sein« ...

13. Im Religions-Dialog: Mission oder Toleranz

Die Thematik des Religions-Dialogs hat die bisherigen Darlegungen stillschweigend ständig begleitet. Sie ist nun aber ausdrücklich zu behandeln. Dazu ist heute zu berücksichtigen, daß in der modernen Gesellschaft, wie Taylor zeigt, um »Religion« sich auch viele ähnliche Angebote von Sinn-Suche gruppieren, die früher aus christlicher Sicht die Bezeichnung: gottlos, atheistisch verdient hätten. Sie versuchen nämlich, ohne Gottesbekenntnis im Leben und in der Gesellschaft zurechtzukommen und haben andere Vorstellungen von dem Sinn des Lebens: Leistungsgesellschaft, Spaßgemeinschaft, Kulturpflege, Freundschaftsaustausch, Familienleben, Körperkult, Kapitalinteresse usw. sind Namen dafür. Aus christlicher Sicht ist der Dialog mit persönlichen und gesellschaftlichen Lebensformen ohne Gott sogar zum vordringlichen Thema geworden, vordringlicher als Stellungnahme zu fremder Religiosität. Die alte Antwort der kirchlich gebundenen Menschen, solche Anstöße führten zum endgültigen Untergang, ist zweifelsohne auch aus christlicher Sicht falsch; Gottes Barmherzigkeit, sein Geistwirken ist weiter als unsere menschlichen Kategorien: Gott ist »je-größer«. Doch gerade deshalb steht die Aufgabe an, Gottes Wirken in seiner Welt auch diesen Gruppierungen sichtbar zu machen und die Menschen zum Glauben an den wahren Gott zu führen. Es ist eine Aufgabe der Kirche.

Dann aber muß man sich wundern, daß dieses Thema, das mit dem Wort Mission verbunden ist, im modernen Religionsgespräch des Christentums weithin wie ausgeblendet zu sein scheint und vom Thema Toleranz abgelöst wurde. Man erinnert sich dabei wohl schmerzlich an ehemalige Verquickungen während der Kolonialzeit von kultureller und gar politischer Eroberung mit der christlichen Mission. Oder auch an den Überlegenheitsdünkel, mit dem der christliche Anspruch vertreten wurde. Doch diese Zeiten sind vorbei.

Kann nun eine Glaubensgemeinschaft, die wie das Christentum die (und nicht nur eine!) Sinn-Botschaft für alle Menschen in sich zu tragen glaubt, ohne Mission überhaupt lebendig sein? Das gerade nach moderner Exegese so entscheidende und synthetische letzte Wort Jesu am Schluß des Matthäus-Evangeliums spricht davon: »Macht alle Menschen zu meinen Jüngern und tauft sie.« Das Ausmerzen des Missionsbefehls Jesu, der in der Hl. Schrift durchgängig lebt, aus eben dieser Hl. Schrift droht zu einer grundsätzlichen, auch glaubensmäßigen Reduzierung des Christentums auf eine beliebige Lebensform unter vielen zu werden; als müßten die Menschen nur miteinander tolerant auskommen.

Damit aber würde dem Christentum (und entsprechend auch anderen Religionen) das Herz aus dem Leibe herausgerissen. Übrig bliebe eine zufällige Zugehörigkeit zu einer äußerlich verbundenen Gemeinschaft, wie z.B. zu der der dunkelhäutigen Menschen, die eben mit schwarzer Haut geboren wurden und so zusammenleben. Die Menschen mit weißer Hautfarbe können von ihnen einiges lernen (wie in der Musik), werden aber nie zu Menschen mit dunkler Hautfarbe. Ähnlich könnte man sich eine Gesellschaft von Menschen unter 1,70 m Körpergröße vorstellen. Solchen Gemeinschaften käme ein Christentum gleich, das keinen missionarischen Drang mehr hat, wie auch jede andere

Religion, die ohne den Impuls, ihre Sinn-Erkenntnis weiterzugeben, nur auf dem Miteinander-Leben und Voneinander-Lernen ausgerichtet ist. Sie hätte ihren Anspruch auf die Wahrheit, die doch allen Menschen gilt, aufgegeben. – Vielleicht auch weitergegeben an eine utopische, umgreifendere Religion (so als ob die verschiedenen Hautfarben sich angleichen würden). Doch sobald eine höhere, anfordernde Gleichheit der Menschen erscheint, wie z.B. in der Menschenwürde, entsteht eine Gemeinschaft mit dem Anspruch, für alle Menschen gültig zu sein (so wie das Christentum mit seiner Wahrheit). Ohne solch einen Anspruch bliebe es bei dem überheblichen Zynismus à la Friedrich II. von Preußen: Jeder soll nach seiner Façon selig werden. Das aber wäre eine schlimme Menschenverachtung mit der unterschwelligen Ansicht: Diese deine dumme Meinung von Sinn ist gut genug für dich.

Bei all den Schandtaten, die sich auch in der christlichen Vergangenheit mit Mission verbanden, bleibt das wahre Anliegen der christlichen Mission unaufgebbar: Die universale Botschaft von Sinn, die uns Jesus Christus gebracht hat, an alle Mitmenschen weiterzugeben. In vier konzentrischen Kreisen, die je eine notwendige Aufgabe darstellen, läßt sich vielleicht zusammenfassen, was dazu zu sagen ist.

Der größte Umkreis heißt nun tatsächlich Toleranz, Geschehen-Lassen und Dulden, was auf dem Boden einer anderen Weltanschauung geschieht. Höchstens noch dort wird eingegriffen, wo die Menschenwürde zerstört wird (Versklavung, Unterdrückung der Frau, Mord usw.). Und dies aus dem christlichen Glauben an die Gleichheit aller Menschen. Hier stellt sich die Frage: Worin wurzelt diese Meinung zur Menschenwürde? Hat sie »jemand« festgelegt? Ist sie angeboren?

Der immanente Anspruch des Religiösen läßt sich nicht vollständig eliminieren.

Damit schon werden wir tiefer geführt: Der engere, innere Kreis versucht die Werte zu erkennen und anzuerkennen, die in dem fremden Sinnentwurf enthalten sind und die man selbst teilen soll. Dafür gibt es gerade in der christlichen Missionsgeschichte überaus viele positive Beispiele. Die gewaltige Kultur der ersten christlichen Jahrhunderte lebte davon, daß man den Sinnentwurf des platonisch-neuplatonischen Denkens nicht verwarf, sondern integrierte – so wie es schon die Apostelgeschichte mit der Areopagrede des Paulus berichtet. Die heidnische Sinnerwartung (»Was ihr verehrt, ohne es zu kennen, das verkündige ich euch.«) trägt doch in moderner Beurteilung ein ausgesprochen pantheistisches Gesicht – so wie vielleicht heute der Buddhismus. Es ist nicht übertrieben zu behaupten: Dort, wo das Christentum stark war, wagte es ein entsprechendes Gespräch mit einer fremden Kultur und Religion. Heute darf man auf die »schwarzen« Kulturen hinweisen, die dem Christentum vieles zu sagen haben. Aber man sollte nicht vergessen, was auch der moderne Liberalismus, der manchen so weit weg vom Christentum zu sein scheint, dem christlichen Glauben schon gegeben hat. Die Französische Revolution mit all ihrem Blutvergießen zeigt, daß hier übergreifend der Wert und die Würde eines jeden Menschen, eines jeden »Bürgers«, wichtig wurde.

Der dritte, konzentrische Kreis ist bestimmt von der Überzeugung, daß überall, wo »Wahrheit« lebt, Gottes allmächtiger Geist wirkt. Der große Hindu-»Missionar«, Henri le Saux, wagt sogar zu schreiben, daß im Hinduismus Gottes Geist auf das Christentum warte, um in ihm seine eigentliche Heimat zu finden. Und wiederum wird ein uraltes Glaubensprinzip lebendig. Die Kirchenväter schrieben dazu recht naiv: Wo wir Christen in fremden Mentalitäten etwas Gutes, Aufbauendes finden, sollen wir es nehmen, denn es gehört als Gabe und Offenbarung Gottes doch dem Christentum. Ein uns lustig vorkommendes Gleichnis dafür war der Hinweis auf die Kostbarkeiten, die sich die Israeliten von den Ägyptern ausborgen sollten. Aber die Israeliten borgten sie nicht aus, sondern nahmen sie mit (stahlen sie, »spoeliatio aegyptorum«) als Wegzehrung für den Zug durch die Wüste. So sollt ihr, schreiben die Kirchenväter, euch all das von den Heiden nehmen, es integrieren in den eigenen Glauben, was gut und wertvoll ist; denn es gehört euch als Gabe des einen und einzigen Gottes! Die Pluralität der Werte war dabei kaum bewußt, denn alles wurde gemessen an dem höchsten Wert, der eben der Gott der Offenbarung ist.

Diese drei Vorgaben: Toleranz, Anerkennung der fremden Werte, deren Integration, weil sie von Gott gegeben sind, bilden die Basis der christlichen Mission. Sie geht noch weiter und möchte den anderen hinführen zur eigenen Sinnfindung. Der Einwurf, der nun kommt, lautet: Ist das nicht die Arroganz des Christentums, daß es allein den endgültigen Weg zu Gott zu verkünden habe? Doch das ist das Wesen einer jeden Religion, die für die Menschen wichtig sein will; es geht ihr doch um das Heil aller Menschen. So wie die Menschenrechte, obgleich sie mit viel Grausamkeit und Blutvergießen durchgesetzt wurden, für alle und jeden gültig sind, so will das Christentum (und wohl jede wahre Religion) seine Sinnfindung an alle und jeden Menschen weitergeben – das besagt aber nun Mission. Der große Erneuerer hinduistischer Religiosität, Vivekananda, der Schüler des Hindu-Heiligen Ramakrishna, verkündete auf dem ersten großen Religionskongreß zu Chicago unter Beifall der Hörer: Auf, hinduistische Spiritualität, erobere die Welt!

Wie das nun im Konkreten zu geschehen hat, darüber muß man allerdings weiter nachsinnen. Insbesondere ist darauf hinzuweisen, daß auch das Gesicht des konkreten christlichen Glaubens sich in diesen Religionsgesprächen gewandelt hat. Man darf mit berechtigtem Stolz sagen, daß gerade die christlichen Missionen mit ihrer Verbindung von Glaubensverkündigung und selbstloser praktischer Nächstenliebe in Krankenpflege, Bildung, Kulturfortschritt und einfachhin im Hungerstillen einen großartigen, menschenwürdigen, wohl beispiellosen Weg gegangen sind; einen Weg überdies, der, wie viele Beispiele dokumentieren, offen bleibt für das Gespräch und die Werte in den anderen Überzeugungen; einen Weg, den andere Religionsgemeinschaften wie der Hinduismus nachzumachen versuchen.

Die Diskussionen um die Problematik sollten sich weniger um die Notwendigkeit von Mission kümmern als um deren konkrete Verwirklichung. Man wird sagen können: Von der Mitte der Humanität her gesehen, reichen sich Toleranz und Mission die Hand. Toleranz, weil sie die anderen nicht nach der eigenen Façon selig werden läßt (das wäre Menschenverachtung), sondern ihn in der vollen Menschenwürde ernst nimmt; Mission, weil sie den anderen nicht umdrehen, sondern ihm sein eigenes, besseres, von Gott geschenktes Ich zeigen will.

Eines aber ergibt sich dabei wie von selbst. Eine solche missionarische Aktivität und eine solche wertanerkennende Toleranz – im Tun der Nächstenliebe oder in der Verkündigung des Wortes Gottes – kann für einen Chri-

116

sten nur auf dem Fundament eines so persönlichen Verhältnisses zu Gott aufbauen, wie es mit dem schlichten »Fromm-Sein« ausgesprochen wird. Ohne dieses Fundament würde es schnell absinken zur Geschäftigkeit oder – noch tiefer – zur Eigendarstellung und den so oft der Mission vorgeworfenen Fehlhaltungen. Doch gerade die christliche Missionsgeschichte zeigt, daß aus einer kontemplativen, in Gott ruhenden Haltung großartige missionarische, von Toleranz geprägte Taten emporblühten. Es lohnt tatsächlich, eine Geschichte der christlichen Mission unter solchen Gesichtspunkten neu zu schreiben.

14. »Gott ist die Liebe« –
so ist »Gott alles in allem«

Es wird dem Christentum vorgeworfen, daß es eine egoistische Weltanschauung sei; immer schaue es nach dem Lohn aus, statt nach der Forderung mancher Philosophen das Gute einfach deshalb zu tun, weil es gut ist, ohne mit Vergütungen zu rechnen. Die Bibel mit den Gleichnissen Jesu stecke voll von Beispielen für eine ausgesprochene Lohn-Moral, die doch eines voll-ethischen Handelns unwürdig sei.

Was die Bibel und andere Schriften anbelangt, so muß man zuerst in Rechnung stellen, daß sie sich in den Bahnen des damaligen Sprachgebrauchs bewegen. Doch die als Lohn-Moral entwertete Haltung behält ihre Gültigkeit auch für die heutige Ethik; ja, sie führt recht verstanden zu einer tieferen Sicht des voll-moralischen Tuns. Jesus selbst bricht schon dem Vorwurf einer nackten Lohnmoral die Spitze ab. So gibt er dem letzten Arbeiter im Weinberg den gleichen Lohn wie dem ersten, der mit seiner Arbeit der Hitze des Tages ausgesetzt war. Souverän überhöht Jesus die Diskussion um »gerechten« Lohn mit: »Bist du neidisch, weil ich gütig bin?«

Noch grundsätzlicher zeigt es sein Umgang mit Randexistenzen der damaligen Zeit (outcasts), Zöllnern und Prostituierten; er sitzt mit ihnen zu Tische, lädt sie damit ein zum Gastmahl der Seligkeit, zum höchsten »Lohn« des Himmels. Zur Prostituierten sagt er sogar: »Ihr wird viel vergeben, will sie viel geliebt hat!« (die Einheitsübersetzung moralisiert dies mit: »Weil sie mir viel Liebe erwiesen hat.«)

Doch auch die sogenannte Lohn-Moral selbst hat tiefere Wurzeln als Eigennutz: Die Knospe des guten Tuns trägt doch in sich selbst schon die Frucht von Schönheit und Vollendung, ist in sich selbst schon der »Lohn«. Das aber weist in die Mitte der christlichen Botschaft, in das Wesen eines recht-verstandenen »Verdienens«. Das ethische Tun trägt in der Tiefe dasjenige in sich, was abfällig als »Lohn« bezeichnet wird, ist aus sich doch »unterwegs« zum Guten. Der Mensch ist in seiner Mitte geschaffen, angelegt zum Gott-Schauen, wie es biblisch heißt. Diese Schau Gottes soll er sich zwar verdienen; doch dieses »Verdienen« legt anders gesehen nur frei, was der Mensch in seinem Wesen schon ist: ein Stehen vor Gott, das im Gutes-Tun sich ausprägt. Und das Ganze ist überdies, wie alles, was zum personalen Bereich gehört, zugleich ein Geschenk von Gott, das nur an der Oberfläche sich als »Lohn« zeigt. Was sich der Mensch als »Lohn« verdient, bringt sein Wesen zur Erfüllung und ist zugleich freies Geschenk von Gott. Und darin schenkt Gott sich selbst als Gabe seiner Liebe; was kann er denn anders schenken? H. de Lubac hat dieses geheimnisvolle, beglückende Beziehungsnetz, das schon mehrmals aufgegriffen wurde, auf die Formel gebracht: »Desiderium naturale in Supernaturam«: die »naturangelegte« Sehnsucht des Menschen nach dem »übernatürlichen« Geschenk, nach Gott selbst. Gott kann in seiner Freiheit nur ein Geschenk sein. Diese Ausrichtung auf das Ziel, das Gott ist, macht zugleich die innerste Triebfeder des Menschen aus für sein gutes, sein »verdienst«volles Tun. Die als Lohn-Moral verkannte Haltung ist Wesens-Erfüllung des Menschen.

Das führt zum Gipfel dessen, was durchgängig in den vorangegangenen Zeilen anklang: Es ist Geschenk der Liebe, Ausdruck und Vollendung dessen, worauf der

Mensch angelegt ist. Worte wie Lohn, Frucht, Geschenk usw. umkreisen dasjenige, was mit Liebe gemeint und vom reinen Begriffsdenken nicht mehr eindeutig zu bestimmen ist. Das freie Geschenk der Gottesliebe, also Gott selbst, ist eben das, was Gott dem Menschen als »Lohn« verheißt. Von diesem Verständnis her gewinnen auch die Gleichnisse Jesu vom gerechten Lohn ihren eigentlichen Sinn: Gott erfüllt in freier Liebe das, worum der Mensch sich müht. Dies meint auch Jesus mit der Antwort: »Bist du neidisch, weil ich gütig bin?«

Das führt wiederum ins Herz von: »Gott ist die Liebe«, womit Eberhard Jüngel den 1. Johannesbrief aufgreift und das Geheimnis des einen und dreifaltigen Gottes ausdrücken möchte. So schwer wir uns tun, mit entsprechenden Worten für Gott wie Güte, Barmherzigkeit recht umzugehen, sie umkreisen alle das eine: Gott ist in seinem Wesen die Liebe. Man kann (muß) die philosophische Aussage: Gott ist das Sein, erhöhen und sie übersteigend sagen: Gott ist die Liebe!

Dies nun betont Johannes in seinem ersten Brief: »Gott ist die Liebe, und wer in der Liebe bleibt, bleibt in Gott und Gott bleibt in ihm.« Dabei geht es nicht um Gefühle oder Metaphern, es geht um Gottes Mitte, Gottes Wesen. Die Philosophie von: »Gott ist das Sein«, bleibt demgegenüber im Vorläufigen hängen, wenn sie sich nicht öffnet zu: »Gott ist die Liebe.« Johannes führt es weiter aus: »Die Liebe Gottes wurde uns dadurch offenbart, daß Gott seinen einzigen Sohn in die Welt gesandt hat ... Alles, was von Gott kommt, besiegt die Welt. Und das ist der Sieg, der die Welt besiegt hat: unser Glaube. Wer sonst besiegt die Welt außer dem, der glaubt, daß Jesus der Sohn Gottes ist?«

Wie es sich in den Überlegungen zu Lohn und Geschenk

als Wesenserfüllung des Menschen zeigt: Unser gewohntes Denken in quantifizierbarer Logik wird durchbrochen. Es sind Glaubenswahrheiten, die zum Überstieg in die Liebe herausfordern. Überstieg, Excessus aber ist auch das Wort für die innere Dynamik der Mystik, die in Alltagserfahrungen, sie übersteigend, Gottes Gegenwart findet. Der Glaube aber besiegt, übersteigt die »Welt« in die Liebe Gottes hinein, die in Jesus alles Negative, was »Welt« heißt, besiegt hat. In Erfahrung übersetzt, heißt der Überstieg eben: »Mystik«.

Viel Kluges wurde über diese Theologie der Liebe gesagt. Aber ich habe keinen anderen Theologen gefunden, der so konsequent und zugleich praktisch diese Metaphysik der Liebe in seiner Synthese von Welt-Mensch-Gott umgesetzt hat wie Teilhard de Chardin. Er sei nochmals als Synthese herangezogen: Liebe nämlich schafft schon nach der phänomenologischen Beschreibung die Einheit, nach der die Philosophie vergeblich sucht, eine Einheit, welche die Partner nicht aufsaugt, sondern im Selbstsein bestärkt. Teilhard schreibt: »Die wahre Vereinigung (der Liebe) verschmilzt nicht die Elemente, die sie durch wechselseitige Befruchtung und Anpassung einander nähert; sie gibt ihnen eine Erneuerung an Vitalität. Der Egoismus verhärtet und neutralisiert den menschlichen Stoff. Die (wahre) Vereinigung differenziert.« Im geistigen Höhepunkt des Menschseins ist dies die Einheit der »Liebe«, die nicht »verschmilzt«, sondern wechselseitige »Personalität« (nicht nur »Individualität«) schenkt. Für den, der sein Gespür nicht unterdrückt, gibt dies eine Ahnung vom überlogischen Phänomen der Liebe, die Einheit schenkt durch Personalisation der Partner. Teilhard nennt dieses Werk der Liebe, im Eins-Werden die Partner im Eigensein zu stärken: »amorisation«,

»mit Liebe durchdringen«. Als Naturwissenschaftler versuchte er zu zeigen, wie die ganze Schöpfung stufenweise von Vorformen der »amorisation« durchzogen ist – bis eben zum Höhepunkt des Geistigen, der Liebe unter Menschen, der Liebe von Gott und Mensch. Nur so kann auch die Schöpfung als umfassende Einheit in Gottes Hand, in der Hand der Liebe liegen, ohne pantheistisch ihr Eigensein aufzugeben. Im Gegenteil! Die Schöpfung in all ihren Differenzierungen erhält und bestärkt ihr Eigensein als diese Liebeseinheit mit Gottes allumfassender Unendlichkeit; Vielheit wird vereint, indem sie den Eigenstand der Vielen vertieft. Das einigende Band aber ist die Liebe. In dieser Weise muß man auch den Schöpfungsbericht der Bibel im Buch Genesis zu lesen versuchen.

Man ist immer neu von der (religiösen!) Genialität Teilhard de Chardins fasziniert. Er vertiefte sich intensiv in die Naturwissenschaft, erlangte dort einen großen Namen, schaute aber sein Wissen zusammen im christlichen Glauben und integrierte es so in der Einheit von Welt- und Gottes-Schau. In der Darstellung stütze ich mich auf die Synthese, die mein Lehrer Adolf Haas, ein bekannter Biologe, in seinem Teilhard-de-Chardin-Lexikon nachvollzog.

Teilhards Problemansatz war die Evolutionstheorie, die damals als Todfeind des Christentums galt; populär: Abstammung vom Affen, statt von Gottes Hand. Teilhard kehrte mit präzisem naturwissenschaftlichen Wissen (der damaligen Zeit) die Argumentation um: Gott hat in die Schöpfung, in den »Urknall«, von Anfang an die Energie gelegt, die sich emporentwickelte (»zusammenrollte« nennt er es) bis zum menschlichen Geist und die sich – wie der Glaube erwartet – weiterentwickeln wird zur Einheit der Menschen vor Gott, zum

»Punkt Omega«. Brennpunkt und Kraftquelle der Ent-
wicklung aber ist Jesus Christus; also Gott in seiner
Einheit selbst, der sich in den Weltstoff hineinbegab,
der Mensch wurde. In der Mitte der Zeit lebt also die
Kraft der Evolution, die Zeit und Raum zur Einheit
Gottes führen wird.

Was in der Abkürzung utopisch klingt, bekommt mit
den Zeugnissen der Bibel Fleisch und Blut. So im ab-
gekürzt zitierten Johannesprolog: »Das Wort war Gott.
Alles ist durch das Wort geworden. In ihm war das Leben, und das Leben war das Licht der Menschen. Und
das Licht leuchtet in die Finsternis. Das wahre Licht,
das jeden Menschen erleuchtet, kam in die Welt. Das
Wort ist Fleisch geworden, und wir haben seine Herrlichkeit gesehen, die Herrlichkeit voll Gnade und
Wahrheit.« Oder noch deutlicher nach dem Epheserbrief: »Er hat beschlossen, die Fülle der Zeiten heraufzuführen, in Christus Jesus alles zu vereinen, alles, was
im Himmel und auf Erden ist.«

Teilhard sah es als seine Lebensaufgabe an, diese und
andere biblischen Worte mit Erkenntnissen der Naturwissenschaft zu unterlegen, dies ins Gespräch mit Philosophie und Religionswissenschaft zu stellen und so
zu der Weltsicht zu führen, die der Mensch (anonym
christlich) im Herzen trägt. Er nannte diese Synthese
von Glauben und Wissen ausdrücklich »mystisch«,
gemäß der Sehnsucht des Menschen nach Einheit.

Man kann und muß manche Einzelheit, die der damals
weithin geachtete Naturwissenschaftler vorbrachte,
kritisieren und neu bewerten. Aber die Gesamtschau
der Einheit von naturwissenschaftlicher Weltsicht und
christlichem Glauben als Frucht (mystischer) Sehnsucht nach Einheit ist nicht nur intellektuell imponie-
rend, sondern sollte auch vorbildlich sein für weiteres

Suchen und Forschen der Theologie. Sie verbindet doch Glaubenswahrheit mit profaner Wissenschaft.

Dabei ist zu sehen: Teilhard durchbricht, übersteigt mit dem »Gesetz« der Liebe, das seine Weltsicht zusammenfügt, grundsätzlich die reine Verstandeslogik, die auf dem Seinsdenken aufbaut. Das ist für ihn »mystisch«. Diese Liebeseinheit verschmilzt nämlich nicht die Partner wie eine naturwissenschaftliche Einheit, sondern differenziert sie, baut sie auf in ihrem Eigensein. Liebe »personalisiert«, heißt dies nach Teilhard. Damit weist er auch auf eine Erfahrung hin, die sein »Denken« untermauert. Er zählt auch andere entsprechende Phänomene für diese Logik der Liebe auf. Doch allzu leicht werden sie von der Naturwissenschaft aufgelöst in berechenbare Tatsachen, gehen auf in einer Einheitsformel. Entsprechendes geschieht auch oft genug mit der Erfahrung Liebe. Erst der (Über-)Schritt (mystisch: »excessus«) zur mystischen Haltung findet dieses Wesen der Liebe, öffnet den Zugang zu dieser Welt-, Menschen- und Gottes-Sicht.

Damit fällt auch auf die beiden Bibelzitate in der Überschrift dieses Schlußkapitels das rechte Licht.

»Gott ist die Liebe!« – Es ist schwer, mit unserem Tatsachen- und Logik-Denken darüber gültig zu sprechen. Immer wieder fällt die Sprache von dem, was gemeint und angezielt wird, zurück in die simple Logik der Tatsachen und des Alltags. Kann denn das, was in der Grammatik des Denkens nur ein Gefühl meint, das Wesen einer Person, die Grundlage für das Welt- und Gottesbild ausmachen? Naturwissenschaftlich, auch psychologisch müßte man sagen: Damit werden die Grundregeln der Grammatik und des Denkens gebrochen: Ein Adjektiv, ein Verbum (lieben) wird als Person angesehen; und dies nicht in mythologischer oder bildhafter Weise (wie bei den Liebesgöttinnen der Antike), sondern als welterhaltende Urrealität! Nur wer die Kühnheit dieses Schrittes zur Behauptung »Gott ist die Liebe« bedenkt (über die »wissenschaftliche« Tatsachenwelt hinaus), wird dem christlichen Glauben, den doch der Johannesbrief formuliert, gerecht und kann auf den Spuren der Synthese Teilhards weitergehen. Dieser selbst allerdings drückt das johanneische »Gott ist die Liebe« meist anders aus. Er spricht gerne vom Herzen, von der Energie, die zugleich universal wie auch die Mitte ist, von einer Totalisierung des Individuums und der individuellen Akte.

Doch ganz selbstverständlich und wie es scheint im Laufe seiner Forschungen immer selbstverständlicher war es für Teilhard, daß dieser Gott, der als Liebe alles umfaßt, eint und zum Eigensein führt, nur ein persönlicher, überpersönlicher, der Gipfel der Personalisation sein kann.

Den Hinweis auf Gottes Dreifaltigkeit, der manch einem zum Verständnis helfen mag, daß Gott in seinem Geist die Liebe ist, fand ich bei Teilhard nicht. Vielleicht war er vom Geheimnis Gottes zu sehr erfüllt, um diesen Schritt zu wagen. Sein Wirklichkeitsentwurf wuchs auch auf von unten her, vom kreatürlichen Sein her hin zu Gott. Aber auch und gerade dann gilt: Nur wer die Verstandeslogik grundsätzlich durchbricht und seine Glaubenserfahrung von der Mitte des Christentums her, von Jesus Christus, dem Weltmaterie gewordenen Gott hin zu Gott öffnet, wird in der Kraft des Geistes zum weiteren Verstehen geführt.

– »Gott ist alles in allem«, so lautet das andere Bibelzitat. Dies leuchtete Teilhard schon aus den Exerzitien des hl. Ignatius auf: »Gott zu suchen in allen Dingen der Welt, ihn sehen, wo er sei.« Die Metaphysik der

Liebe führte den Jesuiten sowohl zum Geheimnis der Menschwerdung Gottes in Jesus Christus wie zu dem oft von ihm zitierten paulinischen Satz von »Gott alles in allem«.

Gebete aus seinem »Lobgesang des Alls« zeigen, wie sehr sich in der Glaubensgestalt Jesu Christi all das vereinte, was er als Naturwissenschaftler und Philosoph nur ertasten konnte. Teilhard schaut einfachhin auf Jesus und betet anscheinend kindlich, aber doch tief theologisch und zugleich naturwissenschaftlich. Wenn der Bezug auf das Kreuz Jesu Christi dabei zu kurz zu kommen scheint, so mag das an dem strahlenden Optimismus liegen, was zusammenhängt mit dem, was Teilhards Freund und Verteidiger H. de Lubac kritisierte: Die Wirklichkeit der Sünde werde überspielt. Aber wir haben imponierende Zeugnisse des großen Naturwissenschaftlers und Christen vor uns:

> Herr Jesus, ›in dem alle Dinge Bestand haben‹,
> offenbare Du Dich endlich denen, die Dich lieben,
> als die höhere Stufe und
> das physische Zentrum der Schöpfung.
> Es geht um unser Leben. Siehst Du das nicht?
> Würde ich nicht, wenn ich nicht glauben könnte,
> daß Deine wirkliche Gegenwart
> die geringsten, mich durchdringenden
> oder mich berührenden Energien beseelt,
> geschmeidig macht und erwärmt,
> bis ins Mark meines Seins erstarrt vor Kälte sterben?

Doch Teilhard weiß glaubend:

> Jetzt, Herr,
> gewinnt durch die Konsekration der Welt,

der im Universum schwebende Schein und Duft für
mich
Leib und Gesicht in Dir.
Was kein zauderndes Denken erahnte,
was mein Herz
in einem unwahrscheinlichen Verlangen forderte,
gibst Du mir großartig:
daß nämlich die Geschöpfe nicht nur derart
untereinander solidarisch seien,
daß keine existieren könnte ohne alle die anderen,
die es umgeben
– daß sie vielmehr derart
von ein und demselben wirklichen Zentrum abhän-
gen,
daß ein wahrhaftes Leben,
dem sie gemeinsam unterworfen sind,
ihnen endgültig ihre Konsistenz und Vereinigung
gibt.
Diese innere Mitte aber eines jeden Geschöpfs und zugleich die gemeinsame Mitte aller Geschöpfe ist der
Menschgewordene, den Teilhard als das »Herz der
Welt« verehrte. In einer kühnen, bibeltreuen Synthese
faßt er seine Weltsicht zusammen:
Alle die paulinischen und johanneischen Texte
lassen sich auf zwei wesentliche Behauptungen
zurückführen:
In ihm hat alles Bestand (Kol 1,17) und:
In ihm wohnt wirklich die ganze Fülle Gottes ...
Durch ihn seid auch ihr davon erfüllt;
denn er ist das Haupt aller Mächte und Gewalten
(Kol 2,10; Eph 4,9),
so daß Christus alles in allem ist (Kol 3,11).
*(Die lateinischen Zitate wurden angepaßt nach der
Einheitsübersetzung wiedergegeben.)*

Es ist schwer, sich der Faszination solcher Worte zu entziehen; insbesondere, da sie von Teilhard bei aller wissenschaftlichen Korrektheit mit Glaubensbegeisterung und zugleich poetischer Sprachkraft niedergelegt sind.

Aber im Sinne unserer Grundthematik vom »Fromm-Sein« darf man fragen: Verbirgt sich nicht dieser Glaube an Gottes Gegenwart in seiner Schöpfung auch in der Frömmigkeit der oberbayerischen Bauersfrau?, doch auch in der Geste des hinduistischen Busfahrers, im Hinwerfen des Muslims und im O-H-M-Gebet der buddhistischen Gemeinde? Teilhard könnte sagen: All das, was Menschen in ihrer Frömmigkeit erahnt und ersehnt haben, gewinnt »Leib und Gesicht« in Jesus Christus, den der Vater uns gesandt hat als den »Erstgeborenen der Menschheit«.

Und so ist noch ein Letztes anzufügen: Das mutige Wort des hl. Paulus von »Gott alles in allem« ist ein eschatologisches Wort; eines also, das getragen ist von der Hoffnung auf die Vollendung der Zeiten, nach der korrekten Übersetzung:

> Wenn Christus »jede Macht, Gewalt und Kraft vernichtet hat und seine Herrschaft Gott, dem Vater, übergibt. ... Der letzte Feind, der entmachtet wird, ist der Tod. ... Wenn ihm dann alles unterworfen ist, wird auch er, der Sohn, sich dem unterwerfen, der ihm alles unterworfen hat, damit Gott alles in allem sei« (1 Kor 15, 24–26).

»Auf Hoffnung hin sind wir gerettet«, schreibt Paulus im Römerbrief; wir dürfen auch sagen: auf den je-größeren Gott hin. Seine Liebe aber reicht weiter als die Begrenzungen unserer wortgebundenen Fixierungen.